고려인 이주 150주년 기념 유라시아 자동차 대장정

모스크바에서 서울까지

어떤 오토랠리 이야기

모스크바에서 서울까지 어떤 오토랠리 이야기

초판인쇄 2016년 6월 15일
초판발행 2016년 6월 20일

지 은 이 김 에르네스트 니콜라예비치
발 행 처 맵씨터
등 록 제2002-0000026호
주 소 서울특별시 성동구 광나루로 130 서울숲 IT캐슬 1310호
전 화 02-464-7708
전 송 02-499-0846
이 메 일 hkm7708@hanmail.net
홈페이지 www.hankookmunhwasa.co.kr

번 역 정태언
사 진 이 뱌체슬라브 블라지슬라보비치, 마틴폰덴드레이쉬, 세가이 펠릭스 그리고리예비치
그 림 바쿱스카야 다리야 세르게예브나

책값은 뒤표지에 있습니다. 잘못된 책은 구입처에서 바꾸어 드립니다.

이 도서의 국립중앙도서관 출판예정도서목록(CIP)은 서지정보유통지원시스템 홈페이지(http://seoji.nl.go.kr)와 국가자료공동목록시스템(http://www.nl.go.kr/kolisnet)에서 이용하실 수 있습니다.
(CIP제어번호 : CIP2016013804)

ISBN 979-11-85923-15-4 03840

고려인 이주 150주년 기념 유라시아 자동차 대장정

모스크바에서 서울까지

어떤 오토랠리 이야기

김 에르네스트 니콜라예비치

맵씨터

이 책을 저의 부모님인 김 니콜라스 블라디미로비치와
김 알렉산드라 보리소브나에게 바칩니다.

/ 차례 /

축사

여러분의 용기와 기상, 영원히 기억하겠습니다 | 이인제 — 8

역사의 길, 미래의 길 | 이해찬 — 9

믿어야 한다 | 조 바실리 이바노비치 — 11

러시아 오토랠리 | 김 에두아르드 니콜라예비치 — 14

저자의 말

하나의 역사가 된 오토랠리 — 20

후원자들 — 23

오토랠리 참가자들 — 24

제1장 이제 시작이다

1992년 — 37

이전의 오토랠리들 — 40

지난 오토랠리 참가자들 — 42

제2장 합의

러시아연방 지역발전부, 전러시아고려인연합회, 〈범민련〉 — 44

러시아연방 외무부와 주러 한국 대사관, 북한 대사관 — 46

제3장 러시아 지역들 그리고 독립국가연합

모스크바에서 출발 — 47

교통사고 — 72

바이칼 호수 — 76

하바롭스크 시 — 79

블라디보스토크 — 84

제4장 북한

북한과 러시아 국경 하산(Хасан) — 86

정상으로 오르는 길 — 89

백두산 — 90

바다 — 93

청소년야영소 — 94

금강산 — 95

평양 — 97

제5장 38선

판문점 — 105

제6장 한국

가슴 벅찬 서울에의 입성 — 109

오토랠리 결승 지점, 부산 — 117

명소 관광 — 119

제7장 에필로그

대장정을 끝내며 — 127

러시아 고려인들, 150년 — 129

태평양의 꿈 — 133

두 개의 한국 — 134

시베리아를 가로지른 러시아 한인들의 기상 — 136

오토랠리의 사진 모음들 — 139

2014 한-러 국제자동차경주대회 - 고려인 이주 150주년 기념 — 151

평양에서 서울까지 인간 띠 — 152

여러분의 용기와 기상, 영원히 기억하겠습니다

이 인 제
(전 국회의원 / 고려인 이주 150주년 기념사업추진위원회 상임대표)

고려인 여러분 환영합니다. 여기는 여러분의 할아버지의 조국, 그리고 여러분의 조국입니다.처음 조국을 등지고 떠나야 했던 선조들의 시린 가슴을 이젠 우리 조국이 여러분을 따듯하게 맞이하겠습니다.

또한 오늘은 비록 반쪽짜리로 여러분을 맞지만 언젠가는 온전한 하나로서 여러분을 얼싸안을 날이 올 것입니다.

험난하고 기나긴 여정을 이어오신 여러분의 용기와 기상은 영원히 기억될 것입니다. 그리고 그것은 하나의 밀알처럼 통일의 밑거름이 될 것입니다. 동포 여러분! 형제 여러분! 그날에 우리 다시 한 번 뜨겁게 포옹합시다. 힘들고 거친 여정을 헤쳐 오신 여러분. 남은 일정 부디 몸 건강히 마치시기를 간곡히 부탁드립니다.

감사합니다.

역사의 길, 미래의 길

이 해 찬
(국회의원 / 고려인 이주 150주년 기념사업추진위원회 상임대표)

김 에르네스트 니콜라예비치 선생의 "모스크바에서 서울까지 —어떤 오토랠리 이야기" 한국 출간을 진심으로 축하합니다. 작년 8월 16일 도라산 남북출입국사무소에서 김 선생과 33명의 고려인 오토랠리단을 맞아 얼싸안고 두 손을 마주 잡았던 감동의 순간이 아직도 생생합니다.

유럽에서 한반도까지 육로로 횡단한 것은 분단 이후 최초의 시도였습니다. 어려운 여건 속에서도 꿋꿋이 실천해낸 그 용기와 헌신에 경의를 표합니다.

여러분이 달려온 길은 150년 전 우리 할아버지, 할머니들이 고국을 떠나 생존과 나라의 독립을 위해 싸우고 헌신해 온 역사의 길이자, 유라시아 연결의 꿈을 키우고 남북 간의 화해와 협력, 한반도 평화통일로 나아가는 미래의 길입니다.

길은 연결되어야 합니다. 길은 닫힌 공간을 열어 소통하고 교류와 협력으로 이어집니다. 그래서 열린 길은 연대와 평화로 나아갑니다. 김 선생은 한반도와 유라시아의 많은 사람에게 이를 몸소 보여주었습니다. 책 출간을 통해 한국 국민들에게 다시 한 번 연대와 평화의 메시지가 전달되기를 바랍니다.

믿어야 한다

조 바실리 이바노비치
(전러시아고려인연합회 회장 / 러시아연방 대통령 산하 민족간관계위원회 위원)

시간은 오토랠리처럼 빨리 질주해 간다. 오토랠리가 대장정의 길에 오른 지 1년여가 지난 지금 기억은 또 다시 나를 2014년의 여름으로 데려다 놓는다.

고려인의 러시아 이주 150주년을 기념하는 해에 걸맞게 추진된 오토랠리 프로젝트가 성공적으로 끝을 맺었다. 다시 되돌아보아도 그 성공에 만족감을 느낀다. 고려인의 러시아 이주 150주년 기념행사를 맡은 조직위원회에서 승인된 많은 사업 중에서도 큰 반향을 일으켰고 그 의미도 컸다. 이 프로젝트에 관계한 모든 이들은 오토랠리가 여러 사업 중에서 우선순위에 자리하기를 바랐다. 그것은 고려인 사회를 위해서뿐만 아니라, 우리가 국민으로 있는 러시아와 우리의 역사적인 조국 모두를 위해 꼭 필요한 사업이라고 확신했기 때문이다.

이 프로젝트에서 오토랠리 참가자들이 가장 먼저 고려한 것은 한반도의 38선을 통과하는 일이었다. 150년 전 처음으로 고려인들이 러시아 극동지역 연해주로 이주할 때만 해도 조선은 하나였다. 그러나 지금은 둘로 나뉘어져 있다. 그렇기에 남한과 북한 사이의 군사분계선을 돌파하는 의미 있는 행사를 통해 러시아 고려인들은 평화적이고 민주적인 조국 통일에 기여하기를 원했다.

그리고 이제 스스로에게 질문을 던져본다. 이것은 성공한 것일까? 그런데, 남북한 사이를 가로막고 있는 군사경계선을 돌파했다는 성취에도 불구하고 왜 나는 아직 개인적으로 불만족스러운 느낌을 지울 수 없는 것일까.

오토랠리가 품고 있던 이상, 즉 남북 분단의 상징인 군사분계선을 통과하여 통일에 대한 염원을 보여주고자 한 우리의 이상은 그러나 계획을 수립할 때부터 러시아에서도 또 남한과 북한에서도 조소거리가 되었고, 진지하게 받아들여지지도 않았다. 때로는 어떤 이들에게는 거부감을 불러일으키기까지 했다. 그렇지만 우리는 남북한 양측의 승인을 받는데 온갖 복잡함과 어려움이 있었음에도 불구하고, 결국 양측을 설득하여 이 프로젝트를 실현하는 데 성공하였다.

그러나 한편, 오토랠리가 당초 계획대로 2014년 8월 15일(광복절)에 군사분계선을 통과하지 못하고 그 다음날인 8월 16일에 통과하게 된 것은 아쉽기 그지없다. 나는 지금도 그 사실에 실망을 금할 수 없고, 마음 한 구석에 자리한 좌절감 비슷한 것을 떨칠 수가 없다.

나는 오토랠리 참가자가 아니었다. 그러나 하나의 민족을 갈라놓고 있는 군사분계선 돌파를 중요하게 생각했고, 그래서 평양으로 날아갔다. 그때 나는 남한과 북한 사이의 상호관계가 얼마나 복잡한가를 피부로 느낄 수 있었고, 왜 양측이 화합으로 나아갈 수 없는가를 생각했었다. 원칙적인 문제라 말할 수 있는 한반도 통일에 대한 문제는 꺼내지도 않았는데도 말이다.

지난 몇 달간의 일들을 되짚어보면서 다음과 같은 사실을 강조하고 싶다. 남북한을 가로막고 있는 군사분계선, 국경 아닌 국경에는 예전이나 다름없이 무고한 피해자들이 나오고, 상호 간의 공격과 위협이 여전히 존재하고 있다는 사실을…

그러나 그럼에도 불구하고, 우리는 앞으로 더욱 나아질 것이라고 믿어야 한다. 머지않아 곧 그때가 올 것이다. 그리고 그때, 하나된 조국을 보고자 염원하는 전 세계 모든 한인의 그 소중한 꿈을 실현하는데 있어 러시아 고려인들이 조금이나마 기여했다고 우리는 확실하게 말할 수 있을 것이다.

러시아 오토랠리

김 에두아르드 니콜라예비치
(전러시아고려인연합회 상임위원회 이사,
전러시아고려인연합회 모스크바 주지부장, 오토랠리 준비위원회 위원, 후원회장)

우리는 한인들이 러시아 극동지방 연해주로 이주한 지 150주년이 되는 2014년을 기념하기 위해 조국을 향한 역사적인 오토랠리를 추진하기로 결정하였다. 한반도를 북에서 남, 38선과 군사분계선을 통과하기로 한 것이다. 그래서 우리는 우즈베키스탄, 키르기스스탄, 카자흐스탄에 거주하는 고려인들에게 동참하자고 제안했다. 우리 모두가 같은 이주 역사를 가졌고, 역사적 조국도 하나뿐이기 때문에 당연한 일이었다.

나는 2013년 12월 11일 러시아 연방 지방관리부 산하 '한인의 자발적 러시아 이주 150주년기념 조직위원회'의 첫 회의에서 러시아와 한반도를 잇는 오토랠리 프로젝트를 제안했다. 나는 이미 2012년 아세아태평양경제협력(APEC) 오토랠리를 진행한 경험을 갖고 있었기 때문이다. 슬류냐예프 장관이 이 프로젝트를 지지하였고, 기념사업 계획에 포함하기로 결정되었다.

전(全)러시아고려인연합회 조 바실리 회장은 이 오토랠리의 진행 준비를 위해 많은 노력을 기울였다. 그는 오랫동안 러시아 외교부

와의 교섭을 추진하고, 이 프로젝트에 러시아의 여러 지방정부 당국과 카자흐스탄, 우즈베키스탄, 키르기스스탄의 고려인 단체장들의 참여도 이끌어냈다. 그리고 러시아 주재 남북한 대사관과의 교섭을 진행했다. 오토랠리의 날짜, 일정, 노선에 대한 협정을 위해 복잡한 절차를 거쳐야 했는데, 주러 북한 대사관과의 협상에서는 김 펠릭스 범민련 수석부회장이 아주 중요한 역할을 했다.

우리는 한걸음 한 걸음 우리의 목표를 향해 나아갔다. 러시아 고려인들은 오토랠리를 반드시 성사시키겠다는 굳은 의지로 이 프로젝트를 계획한 대로 추진해나간 것이다.

김 에르네스트는 오토랠리 진행을 총괄하여 지도하는 한편, 협상에도 적극적으로 참여하고 모든 기술적 준비를 담당하였다. 그는 20년 동안 이 오토랠리를 염원해왔다. 남북한 사이에 가로놓인 38선과 군사분계선을 통과하는 문제는 오토랠리 출발 3일 전에야 비로소 허락 결정이 통보되었고, 이 때문에 나는 결국 이 행사의 후원회장을 맡게 되었다.

선구적인 일은 쉽지가 않다. 오토랠리를 조직하고 추진해나가는 과정에서 수많은 '암초'와 부딪쳤고, 이 때문에 오토랠리는 언제라도 중단될 수 있었다. 이 프로젝트를 회의적으로 바라보는 사람들 또한 적지 않았다. 이러한 상황에서 갖가지 우여곡절을 겪으며 마침내 오토랠리가 성공적으로 대장정을 마치게 되었는데, 이는 '기적'에 다름 아니라 할 수 있다. 천상에서 별들이 내려와 도와준 듯, 하늘이 우리를 도운 것이다.

남북한 당국자들은 우리 오토랠리의 충심 어린 열정과 노력을 높이 평가한 것으로 보인다. 북한에서는 최고인민회의 상임위원회 양형섭 부의장이, 한국에서는 정의화 국회의장과 정홍원 국무총리, 박원순 서울시장, 서병수 부산시장 등이 우리 오토랠리 참가자들을 접견하고 치하를 아끼지 않았다. 브누코프 크. 브. 주한 러시아 대사는 서울 대사관에 오토랠리 참가자들을 초청, 환담을 나누며 오토랠리의 대장정을 축하했다. 또한 '고려인 이주 150주년 기념사업 추진위원회' 상임대표인 이해찬 의원은 10월 5일 모스크바에서의 갈라 콘서트에서 '2014 러시아-코리아' 오토랠리는 러시아 고려인들의 큰 업적이라 칭송했다.

우리 오토랠리 팀이 프란치스코 교황성하의 한국 방문 기간에 군사분계선을 지나 서울에 도착한 것은 매우 뜻 깊은 일이라 할 수 있다. 조 바실리, 김 뱌체슬라브와 나는 서울 명동성당에서 교황님께서 직접 집전하는 미사에 참석하는 행운을 얻었다. 프란치스코 교황님은 미사에서 한반도 평화와 통일을 기원하는 메시지를 천명했는데, 이는 우리 오토랠리의 목적과 부합되는 것이었다. 교황님의 기도, 서울 광장과 성당에 모인 수십만 명의 한국인들의 마음과 우리 오토랠리 팀 30명의 통일을 위한 행진이 2014년 8월에 서울에서 교차된 것이다. 한반도 평화와 통일을 위하여 한 마음으로!

나는 염수정 추기경을 만나 오토랠리 팀의 선물을 교황님께 전해달라고 부탁드렸다. 추기경님은 우리 오토랠리의 취지와 성공을 높이 평가하고, 우리가 더 일찍 서울에 도착했더라면 교황님을 직접 만나 뵐 수 있는 기회가 있었을 것이라며 아쉬워했다.

부산에 도착한 순간은 아직까지도 생생하다. 스탈첸코프 세르게이가 운전했는데, 15,000킬로미터나 되는 기나긴 오토 마라톤의 종점인 부산에 도착한 순간 최명철이 이 도시를 상징하는 유명한 노래를 불렀던 것이다. 나는 그가 부르는 이 노래를 여러 번 들은 바 있는데, 부산에 도착해서 들으니 그 노래는 유달리 가슴을 저미고, 그래서 특별한 느낌에 빠져 들었다. 이 노래 가사가 담고 있는 만남과 이별, 끝없는 우수…… 이 모든 것이 하나로 합쳐지는 것이었다.

남북통일은 한국인은 물론, 모든 재외 한인들의 열망이라 할 수 있는데, 이것은 또한 우리 오토랠리의 취지이며 소망이기도 하다. 우리 모두는 이것이 오토랠리를 이끄는 가장 강력한 추진력이라고 분명히 인식하고 있었다. 우리가 '고려인 이주 150주년 기념사업'의 일환으로 '유라시아 자동차 대장정', 모스크바에서 출발하여 남북 분단의 상징이라 할 군사분계선을 돌파하여 서울에 이르는 오토랠리를 계획한 까닭이 여기에 있다. 이 때문에 우리는 수많은 난관을 극복하고 마침내 대장정을 성공적으로 마칠 수 있었다.

우리는 오토랠리를 추진하는 과정에서 민간 차원에서 남북 관계를 개선할 수도 있다는 희망과 함께 통일이 얼마나 절실한 시대적 명제이며 사명인지 새삼 확인할 수 있었다. 이런 점에서, 우리의 오토랠리는 민간 외교의 한 장으로서 역사에 남을 것이라고 확신한다. 나아가, 러시아 고려인들이 조국 한반도의 평화와 통일을 위해 조그마한 역할을 했다고 자부한다.

38선, 군사분계선이라는 남북의 장벽이 무너지는 날이 오게 되면, 우리는 이번과 똑 같은 경로로 15,000 킬로미터의 대장정을 다시 할 것이다.

МИНИСТЕРСТВО РЕГИОНАЛЬНОГО РАЗВИТИЯ РОССИЙСКОЙ ФЕДЕРАЦИИ

Организаторам и участникам
Международного автопробега
«Россия – Корея 2014»

Дорогие друзья!

Приветствую организаторов и участников автопробега, посвящённого 150-летию добровольного переселения корейцев в Россию!

Проведение столь масштабной акции имеет важнейшее значение для установления дружеских отношений между Российской Федерацией и государствами Корейского полуострова, укрепления стратегического партнёрства, расширения культурного и гуманитарного сотрудничества. Участникам предстоит преодолеть тысячи километров, посетить десятки городов на территории 6 государств Европы и Азии.

Автопробег собрал людей, стремящихся внести свой посильный вклад в созидание духовного и сильного общества, в укрепление взаимопонимания между народами.

Убеждён, что это знаменательное мероприятие будет способствовать сохранению национальных, культурных и духовных традиций корейцев России, упрочению добрососедских отношений и укреплению межнационального взаимопонимания и согласия!

Желаю всем участникам автопробега плодотворного общения, претворения в жизнь намеченных планов и всего самого доброго!

С уважением,

Министр
регионального развития
Российской Федерации — И.Н. Слюняев

ф. ТГ-1

ПРАВИТЕЛЬСТВЕННАЯ ТЕЛЕГРАММА

Прием: 1/7 го 16 час. 03 мин.

Бланк №

Принял: 440

Для заметок адресата

ПОЧТА РОССИИ 01 07 14 0 0 МОСКВА 125319 К

A/O 11122Ч AKTER RU

МОСКВА 11122Ч/8 139 01/07 1600=

ПРАВИТЕЛЬСТВЕННАЯ
125167, МОСКВА, ЛЕНИНГРАДСКИЙ ПР-Т, Д. Ч3-А ОБЩЕРОССИЙСКОЕ ОБЬЕДИНЕНИЕ КОРЕЙЦЕВ ОРГАНИЗАТОРАМ И УЧАСТНИКАМ МЕЖДУНАРОДНОГО АВТОПРОБЕГА РОССИЯ-КОРЕЯ 201Ч =

УВАЖАЕМЫЕ ДРУЗЬЯ
РАД ПРИВЕТСТВОВАТЬ ОРГАНИЗАТОРОВ И УЧАСТНИКОВ МЕЖДУНАРОДНОГО АВТОПРОБЕГА РОССИЯ-КОРЕЯ 201Ч , ПОСВЯЩЕННОГО 150-ЛЕТИЮ ДОБРОВОЛЬНОГ ПЕРЕСЕЛЕНИЯ КОРЕЙЦЕВ В РОССИЮ И 130-ЛЕТИЮ УСТАНОВЛЕНИЯ ДИПЛОМАТИЧЕСКИХ ОТНОШЕНИЙ МЕЖДУ РОССИЕЙ И КОРЕЕЙ ИСТОРИЯ РОССИЙСКО-КОРЕЙСКИХ ОТНОШЕНИЙ НАСЧИТЫВАЕТ НЕСКОЛЬКО СТОЛЕТИЙ, НО ИМЕННО В ПОСЛЕДНИЕ ПОЛТОРА ВЕКА ОНО ВЫРАЗИЛОСЬ В ТЕСНОМ ЭКОНОМИЧЕСК И КУЛЬТУРНОМ ВЗАИМОДЕЙСТВИИ НАШИХ СТРАН, А ТАКЖЕ НЕ ПРОСТО ДОБРОСОСЕДСКИХ, НО ПО-НАСТОЯЩЕМУ ДРУЖЕСКИХ СВЯЗЯХ НАСЕЛЯЮЩИХ ИХ НАРОДОВ. УВЕРЕН, БЛАГОДАРЯ ВАШЕМУ НАЧИНАНИЮ ЭТИ ОТНОШЕНИЯ СТАНУТ ЕЩ КРЕПЧЕ, ЧТО, В СВОЮ ОЧЕРЕДЬ, СТАНЕТ ЗАЛОГОМ МИРА И СОГЛАСИЯ КАК В РОССИЙСКОЙ ФЕДЕРАЦИИ, ТАК И НА КОРЕЙСКОМ ПОЛУОСТРОВЕ. ОТ ВСЕЙ ДУШИ ЖЕЛАЮ УЧАСТНИКАМ АВТОПРОБЕГА СЧАСТЛИВОГО ПУТИ, ДОБРОЙ ДОРОГИ И УСПЕХОВ ВО ВСЕХ ТВОРЧЕСКИХ НАЧИНАНИЯХ =МИНИСТР КУЛЬТУРЫ РОССИЙСКОЙ ФЕДЕРАЦИИ В.Р. МЕДИНСКИЙ 5773-01-71/01-ВМ-

НННН Время-16:03 Дата-01.07.201Ч Вх.номер-0051

하나의 역사가 된 오토랠리

우리가 '고려인 이주 150주년 기념사업'의 하나로 추진한 '유라시아 자동차 대장정', 즉 오토랠리를 성공적으로 완주한 지 거의 1년이 지났다. 돌아보면 이 오토랠리를 통해 나는 많은 것을 전과 다르게 인식하는 계기를 마련하게 되었고, 지금 다시 오토랠리를 조직하고 진행한다면 여러 면에서 훨씬 더 잘 할 것이라는 생각도 든다.

나는 이 책에서 많고 많은 사람의 참가 속에 일어난 모든 일들을 연대기처럼 다 묘사하고 싶었다. 무엇보다도 오랜 기간 동안 힘든 여행을 하면서 빵과 소금을 나누어 먹으며 우정을 나누던 사람들에 대해 이야기하고 싶었다. 이 이야기들의 주인공들에 대해, 즉 어려운 여건 속에 이 길고도 험한 여정을 견뎌내며 종착지까지 함께한 분들에 대해, 힘든 일이 닥치면 어깨를 나란히 하고 앞에 놓인 난관들을 극복해낸 분들에 대해 이야기하고 싶었다. 그리고 함께 만들어낸, 그때는 어떤 의미인지 잘 몰랐던 결과를 지금은 다음과 같이 말할 수 있다. "오토랠리는 하나의 역사가 된 것이다!" 라고.

나는 먼저 모든 관계자 분들께 감사의 말씀을 올린다. 지금 돌이켜봐도 그분들의 헌신적인 노력과 후원에 경의와 감탄을 금할 수 없다. 오토랠리에 참가한 우리에게 많은 지원과 도움을 준 러시아연방의 여러 부처 및 지방 행정부 대표자들, 고려인 사회단체 지도자들에게 감사의 마음 전한다. 그리고 이 행사를 조직하는데 적극적인 참여와 친절을 베풀어 준 남북한 관계 인사들에게 깊은 사의를 표한다.

나는 러시아 사람이다. 내 조국은 러시아다. 그러나 나는 고려인이다. 러시아와 CIS지역에 거주하는 대부분의 고려인 동포들과 마찬가지로 나는 내 뿌리를 존중하고 우리의 민족적 전통을 보전하기 위하여 노력하고 있다. 오토랠리 여정에서 나는 광활한 러시아의 평야와 강들을 직접 내 눈으로 보았다. 아, 얼마나 드넓고, 또 얼마나 아름다운가! 나는 오토랠리 여정에서 수많은 러시아 사람들과 만났고, 그들이 얼마나 친절하고 성실한가를 새삼 알게 되었다. 러시아에 거주하는 다른 민족 사람들과의 만남에서는 그들의 진정한 호의와 자비로움을 느꼈다. 지금은 CIS 각국으로 나눠져 있지만 소련시절 하나의 연방 구성체였던 여러 공화국에 사는 다양한 민족과 접촉해 왔었고, 그래서 나는 금방 그 사람들과 친숙해질 수 있었다. 그리고 오랜 역사를 지닌 아름다운 내 모국, 신선한 아침의 나라인 모국에서, 남북으로 나뉘어 있는 내 모국에서 같은 핏줄의 형제자매들, 보통 사람들의 우는 모습과 기뻐하는 모습을 보았다. 오토랠리를 성공적으로 마침으로써, 나의 모국 한반도의 평화를 위해, 그토록 염원하는 남북통일을 위해 우리의 오토랠리가 비록 상징적이기는 하지만 그 이상의 넓은 의미를 갖는다는 것을 세상에 보여주었다. 고려인 이주 150주년 기념사업으로 추진된 '유라시아 자동차 대장정'의 의의는 바로 여기에 있다.

끝으로, 오토랠리에 기울인 우리의 노력이 결코 헛된 것이 아님을 거듭 강조하면서, 한국어판 출간을 맡아준 김진수 사장과 편집부에 감사드린다.

오토랠리 재정 후원

후원회장 전러시아 고려인 연합회 모스크바 지부 김 에두아르드 니콜라예비치 지부장

후원자들

1. 주식회사《나노 택》총지배인 김 에르네스트 니콜라예비치
2. 주식회사《클랩페르 필름즈》총지배인 김 안드레이 에두아르도비치
3. 《연해주 고려인 연합》박 발렌틴 빼트로비치 회장
4. 주식회사《뉴라이프 메디칼》총지배인 안 니키타 블라지미로비치
5. 주식회사《아프토리아 리테일》총지배인 동 올레그 보리소비치
6. 러시아와 CIS 지방고려인 사회단체장들

오토랠리 파트너들

《로스투리즘》(연방회사)

《르그오》(러시아 지리 학회)

《솔레르스》(러시아 회사)

《보스토크 세르비스》(특수복 생산회사)

《스페이스 팀홀진그》(운송 텔레 매틱스와 위성네비게이션 시장의 러시아 이노베이션 홀딩)

김 에르네스트 니콜라예비치
(오토랠리 총단장, 모스크바주 고려인민족문화자치회 회장
25,000킬로미터 통과)

김 일리야 알렉산드로비치
(오토랠리 부단장, 25,000킬로미터)

김 류보피 그리고리예브나
(오토랠리 재무책임, 15,500킬로미터)

김 안드레이 에두아르도비치
(오토랠리 책임 프로듀서, 영화감독
15,500킬로미터)

콜차노프 이반 발레리예비치
(오토랠리 레이서 총단장, 25,700킬로미터)

스탈리첸코프 세르게이 아나톨리예비치
(오토랠리 제3호차 레이서, 25,000킬로미터)

불라빈 알렉산드르 바실리예비치
(오토랠리 제8호차 레이서, 25,700킬로미터)

자우에르 예브게니 빅토로비치
(오토랠리 제7호차 레이서, 23,000킬로미터)

하비브라흐마노프 알베르트 살라바토비치
(프로듀서, 오토랠리 제5호차 레이서, 15,500킬로미터)

갈락티오노프 니콜라이 안드레예비치
(오토랠리 제6호차 레이서, 13,500킬로미터)

김 모이세이 이르베모비치
(소련문화공훈자, 8,500킬로미터)

울리야노프 예브게니 예브게니예비치
(촬영팀 녹음감독, 13,000킬로미터)

니콜라예프 안드레이 드미트리예비치
(촬영팀 촬영기사, 4,500킬로미터)

코프추고바 알리사 알렉산드로브나
(PR company 매니저, 11,500킬로미터)

페트로프스키 데니스 아나톨리예비치
(촬영팀 촬영기사, 11,500킬로미터)

곽 바실리 레오니도비치
(오토랠리 우즈베키스탄 차량 단장, 18,800킬로미터)

최 레오니드 파블로비치
(우즈베키스탄 차량 레이서, 18,800킬로미터)

박 발레리 블라지미로비치
(우즈베키스탄 차량 제2레이서,18,800킬로미터)

박 루슬란 뱌체슬라보비치
(영화감독,10,000킬로미터)

태 베로니카 발렌티노브나
(무용수, 10,000킬로미터)

박 카밀라 -모란 이고레브나
(무용수, 10,000킬로미터)

리가이 이리나 비사리오노브나
(무용수, 4,500킬로미터)

김 율리야 바지모브나
(프로듀서, 15,500킬로미터)

마틴 폰 덴 드레이쉬
(사진작가, 7,000킬로미터)

서장석 (Seo Jang Seok)
(MBC 책임 프로듀서, 13,000킬로미터)

박정곤 (Jung Gon Park)
(아.므.고리키 문학대학 교수, 통역, 13,000킬로미터)

김종탄 (Kim Jong Tan)
(MBC프로듀서, 13,000킬로미터)

홍성운(Hong Sung Woon)
(MBC 메인촬영기사, 12,000킬로미터)

정금일 (Jung Kumil)
(MBC 녹음감독, 13,000킬로미터)

김성욱(Kim Sung Wook)
(MBC 촬영기사, 12,000킬로미터)

리 뱌체슬라브 블라지슬라보비치
(사진작가, 10,000킬로미터)

시조프 알렉세이 바실리예비치
(오토랠리 참가자, 1,800킬로미터)

김 펠릭스 뻬트로비치
(러시아《범민련》 의장, 오토랠리 조직위원장,
2,000킬로미터)

최명철
(《러시아연방 태권도 연합회》회장 고문, 태권도페스티벌 주최
2,000킬로미터)

안 니키타 블라지미로비치
(오토랠리 후원자, 2,000킬로미터)

박 발렌틴 뻬트로비치
(오토랠리 후원자, 《연해주 고려인단체협회》 회장, 2,000킬로미터)
지 세르게이 트로피모비치
(오토랠리 참가자, 2,000킬로미터)

쉐가이 펠릭스 그리고리예비치
(사진기자, 2,000킬로미터)

김 유리 레오니도비치
(오토랠리 참가자, 2,000킬로미터)

허가이 알라 보리소브나
(물류회사 《원동플러스》 총지배인, 2,000킬로미터)

김 이다 겐나지예브나
(저널리스트, 2,000킬로미터)

신 클라라 블라지미로브나
(저널 《에진스트보(통일)》 주필
2,000킬로미터)

세레브랴코바 나탈리야 발레리예브나
(통역, 2,000킬로미터)

허가이 안드레이 니콜라예비치
(오토랠리 참가자, 11,500킬로미터)

코토프 알렉세이 알렉산드로비치
(오토랠리 참가자, 1,500킬로미터)

쉐포틴 세르게이 블라지미로비치
(오토랠리 참가자, 1,500킬로미터)

리 발레리 블라지미로비치
(오토랠리 참가자, 10,500킬로미터)

리 타티야나 로베르토브나
(오토랠리 참가자, 10,500킬로미터)

김 에두아르드 니콜라예비치
(후원회장, 500킬로미터)

조 바실리 이바노비치
(전러시아고려인연합회 회장, 오토랠리 조직위원장
250킬로미터)

석 세르게이 안드레예비치
(《범민련》부회장, 250킬로미터)

김 뱌체슬라브 니콜라예비치
(전러시아고려인연합회 사무총장, 250킬로미터)

김 니콜라이 백노코비치
(연해주고려인 민족문화자치회 회장, 250킬로미터)

부닌 파벨 이고레비치
(오토랠리 참가자, 250킬로미터)

진성백 (Sung Baek Jin)
(한국자동차협회 회장, 500킬로미터)

최 올가 블라지미로브나
최 알렉산드라 블라지미로브나
(오토랠리 참가자들, 500킬로미터)

한국자동차협회와 한국의 자동차대장정
참가자 30여 명
(500킬로미터)

히자이 이레나 니콜라예비나
(오토랠리 참가자들, 500킬로미터)

ПОСОЛЬСТВО РОССИИ
В РЕСПУБЛИКЕ КОРЕЯ
г. Сеул

№ [illegible] от 15.09.2014 г.

**ПРЕДСЕДАТЕЛЮ НАЦИОНАЛЬНО-КУЛЬТУРНОЙ АВТОНОМИИ КОРЕЙЦЕВ МОСКОВСКОЙ ОБЛАСТИ,
РУКОВОДИТЕЛЮ АВТОПРОБЕГА «РОССИЯ-КОРЕЯ 2014»**

Э.Н.КИМУ

Уважаемый Эрнест Николаевич,

Посольство России в Республике Корея поздравляет с успешным завершением Автопробега «Россия-Корея 2014», посвященного 150-летию добровольного переселения корейцев в Россию, и подтверждает факт пересечения 16 августа 2014 года участниками автопробега в количестве 32 человек демаркационной линии между КНДР и Республикой Корея.

Список участников автопробега «Россия-Корея 2014» прилагается.

С уважением,

**ПОСОЛ РОССИИ
В РЕСПУБЛИКЕ КОРЕЯ** **К.ВНУКОВ**

Список участников Автопробега "Россия-Корея 2014"

16.08.2014 Пересечение границы между КНДР и Республикой Корея

No.	ФИО	Пол	Дата рождения	Гражданство
1	Ким Эрнест Николаевич	м	27.02.1960	Россия
2	Цо Василий Иванович	м	22.11.1050	Россия
3	Ким Феликс Петрович	м	02.01.1952	Россия
4	Ким Вячеслав Николаевич	м	23.06.1967	Россия
5	Пак Валентин Петрович	м	02.07.1950	Россия
6	Ким Николай Пяк-Нокович	м	09.12.1955	Россия
7	Шек Сергей Андреевич	м	11.01.1967	Россия
8	Ким Андрей Эдуардович	м	05.07.1981	Россия
9	Ким Илья Александрович	м	06.04.1974	Россия
10	Ким Любовь Григорьевна	ж	27.08.1983	Россия
11	Ан Никита Владимирович	м	03.08.1969	Россия
12	Стальченков Сергей Анатольевич	м	03.10.1965	Россия
13	Ким Юлия Вадимовна	ж	25.11.1982	Россия
14	Цой Мин Чер	м	10.04.1951	Россия
15	Колчанов Иван Валерьевич	м	30.08.1983	Россия
16	Булавин Александр Васильевич	м	23.08.1966	Россия
17	Хабибрахманов Альберт Салаватович	м	30.03.1985	Россия
18	Пак Камилла-Моран Игоревна	ж	28.12.1986	Россия
19	Квак Василий Леонидович	м	22.11.1959	Узбекистан
20	Тхай Вероника Валентиновна	ж	20.01.1978	Узбекистан
21	Пак Руслан Вячеславович	м	14.10.1981	Узбекистан
22	Пак Валерий Владимирович	м	23.10.1976	Узбекистан
23	Цой Леонид Павлович	м	17.07.1968	Узбекистан
24	Фон Ден Дриш Мартин	м	12.11.1968	Германия
25	Хегай Андрей Николаевич	м	06.06.1961	Россия
26	Ти Сергей Трофимович	м	28.08.1978	Россия
27	Ким Ида Геннадьевна	ж	21.04.1967	Россия
28	Ким Юрий Леонидович	м	10.04.1953	Россия
29	Николаев Андрей Дмитриевич	м	14.01.1988	Россия
30	Шегай Феликс Григорьевич	м	20.07.1954	Россия
31	Серебрякова Наталья Валерьевна	ж	31.05.1981	Россия
32	Хегай Алла Борисовна	ж	26.10.1955	Россия

오토랠리 차량들

제1장
이제 시작이다

1992년

“8월 14일, 우리 오토랠리는 연해주 하산 시에 도착했다. 다음날 우리는 하루 종일 차량과 기타 장비들을 꼼꼼히 정비했다. 그토록 염원해온 한국과 만날 시간이 목전에 다가왔기 때문이다. 두만강 저 편에 펼쳐진 한국 땅이 이렇게 가까운데!

16일 이른 아침, 우리는 해가 뜨기 전에 자동차 시동을 걸었다. 그리고 아침 9시쯤 세관검사를 하기 위해 하산경비대에 들어갔다. 국경 검열을 통과한 선두 차량들이 ‘우정의 다리’로 불리던 다리로 들어서기 시작할 무렵, 우리 여권에 입국비자가 찍혀 있고 이미 사전 협정을 했는데도 북한측에서 우리 자동차 행렬의 입국을 거부했다는 소식이 들려왔다. 북한측과의 협상에 참가한 백발의 하산경비대 대령도 무슨 영문인지 도무지 이해할 수가 없다고 했다. 17일, 우리는 다시 블라디보스토크로 돌아와 라주르느이만(灣) 해변에 머물렀다. 우리는 이곳에서 북한측의 입국 허가를 기다리면서 2주 동안이나 대기했다. 한국 정부가 이 문제를 해결해줄 수 있을지도 모른다는 막연한 기대도 없지 않았지만, 역시 쓸데없는 기대였다. 우리의 오토랠리는 남북한 어느 누구에게도 필요치 않았던 것이다.”

위의 인용은 이 오토랠리에 참가한 박 이고리의 회고인데, 1992년에 카자흐스탄 고려인협회 청년부 회원들이 주최한 오토랠리는 이렇게 실패로 끝났다. 두만강을 건너 한반도를 종단하려 했던 오토랠리 팀의 꿈이 속절없이 무산된 것이다. 오토랠리 참가자들의 실망은 그만큼 클 수밖에 없었고, 무슨 이유로 한반도 오토랠리 프로젝트를 접어야 하는지조차 알 수 없어 불만 또한 고조됐다. 나도 이 오토랠리에 참가했는데, 언젠가는 꼭 다시 시도하여 반드시 성공하겠다고 결심했다. 이후 한반도 종단의 꿈은 내 마음속에 깊이 자리 잡게 되었다.

그때로부터 22년의 세월이 지난 2014년 7월. 〈러시아—코리아 2014〉 오토랠리 출발 3일 전 한반도 38선 통과에 대한 협상에서 북한 당국이 공식 합의했다

모스크바, 보로비요(참새) 언덕

블라디보스토크

아무르 강에서의 야영

기자회견 - 이르쿠츠크

중국 만리장성에서

만주

중국 베이징

니즈니노브고로드에서 상봉

는 소식을 받았다. 나는 즉시 조카 안드레이와 함께 스체르빈스코예 공동묘지로 향했다. 고려인의 묘가 많은 그곳에서 영면중인 나의 아버지 김 니콜라이와 어머니 김 알렉산드라를 찾아뵙기 위해서였다. 우리 오토랠리는 함경도 나진시를 지나가게 될 것이다. 100여 년 전 우리 할아버지와 할머니는 이 도시에서 러시아로 이주했는데, 조부모님은 물론 부모님 또한 돌아가실 때까지 가보고 싶어 한 곳이다. 나는 비석에 새겨진 부모님의 얼굴을 바라보며 마침내 할아버지 고향을 가게 되었다는 소식을 전하고, 오토랠리 도중에 우리의 안전을 지켜달라고 부탁했다. 긴 묵념. 바람 한 점 없고, 새 소리도 그친 매우 청아한 고요. 나는 지난날의 갖가지 우여곡절을 회상하며 한동안 서 있었다.

1992년의 오토랠리. 비록 실패로 끝난 일이지만, 우리는 '알마티―평양―서울'의 경로로 한반도를 종단하는 계획을 세웠었다. 38선과 군사분계선을 지나는 자동차 행렬. 이는 남북으로 분단된 조국의 산하를 하나로 이어주는 상징적 의미를 지니는 것이고, 그래서 소련 각 지역의 고려인협회 대표자들이 오토랠리 단체를 구성했다. 러시아 고려인 대표는 내가 맡았고, 유가이 로베르트가 오토랠리를 이끌었다. 그때의 오토랠리는 승용차들이 참여했고, 대형트럭인 '카마즈'가 동반했다. 자동차와 텐트 내에서 밤을 보냈고, 식사는 프리머스 스토브와 모닥불을 지펴 해결했다. 당시 우리는 경제적으로 아주 어려운 상황에 처해 있었다. 특히 휘발유를 구하기 쉽지가 않아 이동주유소를 이용해야만 했다. 또한 체르느이스크―모고차―스코보로지노의 800킬로미터 구간은 자동차도로가 없어 차량들을 무개차 플랫폼에 싣고 통과했다. 이러한 역경들을 헤치고 나가 마침내 북한 국경과 맞닿은 하산에 도착하게 된 것인데, 뜻밖에도 북한 당국이 우리의 입국을 거부해서 한반도 종단의 꿈을 접어야 했다. 되돌아보면, 당시 우리는 절차에 따라 필요한 모든 사항에 대해 제대로 합의를 이끌어내지 못했고, 이 때문에 오토랠리는 실패로 끝난 것으로 보인다.

이전의 오토랠리들

나는 1992년 실패한 오토랠리 외에도 몇 차례 다른 오토랠리에 참여했다. 2005년 대한민국 국회와 러시아 국가두마(의회)의 공동주최로 〈모스크바―이르쿠츠크(바이칼 호수)―서울〉 오토랠리는 현대자동차의 승합차 테라칸으로 구성하여 진행되었다. 차 블라디미르 일리이치를 비롯하여, 장 류보미르, 허 이고리, 허 니키타, 박 베니아민, 정 세르게이, 강 발레리, 김 에두아르드 등의 노고는 행사를 조직하는 데 큰 힘이 되었다. 잡지 『운전석에서』의 부주간 이.아. 모르자렛의 성심어린 지지와 함께 전문가로서의 조언들은 오토랠리 추진에 큰 도움이 되었다.

이 행사는 대한민국 광복 60주년을 기념하기 위해 개최되었는데, 한국의 영화촬영 팀이 오토랠리와 함께했다. 이들 한국 참가자들은 이르쿠츠크에서 러시아 진주라고 널리 알려진 바이칼 호수의 아름다움에 도취되어 말을 잊은 듯했다. 이 오토랠리는 전 과정이 다큐멘터리로 제작되어 한국 MBC방송에서 방영하였다.

2006년의 〈모스크바—베이징—서울〉 오토랠리는 고대 대상(隊商)들이 오가던 동서 교역의 통로였던 비단길의 주요 장소들을 지나가는 경로로 조직되었고, 그래서 명칭을 '위대한 실크로드—2006'라고 명명하였다. 허 니키타가 오토랠리 조직에 적극적으로 참여하여 큰 도움을 주었다.

페트로-파블로브스키 요새

바이칼 호수

유럽·아시아 경계에서

페투쉬키. 중국 오토랠리와 만남

2012년, 러시아의 극동 블라디보스토크에서 열리는 APEC 정상회담에 즈음하여 연방 투어기관 '로스투리즘'과 공동으로 오토랠리를 개최했다. 이 행사는 김 에두아르드가 지원했다. '위대한 차(茶)의 길'로 명명된 이 오토랠리에서 참가자들은 아시아에서 유럽으로 차가 지나간 경로의 유적지들을 답사했다. 오토랠리에 특별히 참여한 중국 친구들은 중국의 차문화 전통을 자세히 소개하여 우리들의 차에 대한 상식의 폭을 넓혀주었다. 뻬르미 변강에서 견학한 차 박물관은 인상 깊었고, 유서 깊은 도시 오사, 그리고 쿤구르 시의 풍선 퍼레이드는 큰 감동을 주었다.

APEC 정상회담을 위해 블라디보스토크 루스키 섬에 특별히 건설된 시설과 극동대학 방문은 특별한 추억이 될 만한 이벤트였다. 7월 27일 우리 일행은 루스키 섬과 대륙을 연결하기 위해 새로 건설한 다리를 다른 공식 대표단들보다 먼저 통과하게 것이다.

2012년 오토랠리 조직과 진행에 대한 합의가 성공적으로 이르도록 러시아 대통령이 임명한 '북극과 남극의 국제협력기구' 특별대표 아. 느. 칠린가로프와 러시아 국가두마 민족위원회 위원장인 그. 크. 사파랄리예프가 적극 도와주었다. 나의 동향인(날치크 시)이자 명예 산악인, 북극 정복자, 국가두마 3기 의원, 러시아과학아카데미 특파원 회원이자 사회주의노동영웅인 므. 츠 .잘리하노프에게 이 자리를 빌려 특별한 감사를 전한다.

지난 오토랠리 참가자들

위의 오토랠리 조직과 진행에 참여했던, 특히 나와 함께 수천 킬로미터를 함께 달린 모든 사람에게 감사드린다. 최 올레그, 김 안드레이, 허 세르게이, 허 블라디미르, 바그마냔 다비드, 바 쉬니코바 올가, 루키야노프 파벨, 김 율리야, 김 일리야, 리 타치야나, 김 류보피, 우사쵸프 안드레이, 콜차노프 이반, 이그낫코비치 알렉세이, 고보로프 바실리, 이바노바 예카테리나, 허 안드레이, 김 이고리, 톨카쵸바 예카테리나, 자데레이(세레브랴코바) 나탈리야, 김 안드레이, 김 뱌체슬라프, 김 모이세이, 드미트리예프 뱌체슬라프, 마마토프 일리다르, 오를로프 아르, 이밖에 함께한 여러분께 다시 한 번 감사의 말씀을 올린다.

바이칼. 작별의 모닥불. 2005년 8월

제2장

합의

러시아연방 지역발전부, 전러시아고려인연합회, 〈범민련〉

2014년은 우리 고려인에게 매우 중요한 해이다. 1864년 1월 함경도 조선인 농민 수십 명이 러시아 극동의 연해주로 이주하면서 시작된 '한인의 자발적 러시아 이주' 150주년이 되는 해이고, 또한 러시아에서 세르기이 라도네즈스키 750돌 기념하는 해이다. 러시아 고려인 사회는 2014년이 지니는 의의를 중시하고 이를 기념하는 경축행사를 준비하고 있었는데, 이 사업을 정부 차원으로 행사로 진행할 수 있도록 추진하기로 합의했다. 이러한 합의는 오토랠리를 포함하여 준비한 모든 행사의 성공을 위해 매우 바람직한 것이라 할 수 있다.

전러시아고려인연합회(OOK)는 다른 여러 기념행사 중에서도 오토랠리에 각별한 관심을 두고 추진하였다. 오토랠리의 경로가 러시아 전 영토를 횡단하고, 중앙아시아 카자흐스탄을 거쳐 다시 연해주에 들렀다가 북한으로 들어가 38선을 넘고 한국에서 종료되기 때문이다. 오토랠리는 러시아 고려인뿐만 아니라 카자흐스탄과 우즈베키스탄 등 중앙아시아의 고려인, 다시 말하여 CIS 고려인을 대표하여 한반도의 평화와 통일에 대한 염원을 전하고 그 희망을 실현시킬 수 있다는 상징적 의미를 띠는 사업에 다름 아닌 것이다.

김 에두아르드는 이 사업을 위해 '한인의 자발적 러시아 이주 150주년 기념사

러시아연방 지역발전부 기자회견

업 조직위원회' 위원장인 슬류냐예프. 이. 엔 러시아연방 지역개발부 장관에게 이 프로젝트의 취지와 경로 등을 자세히 보고했다. 그 결과, 장관은 우리의 오토랠리를 공식 기념행사에 포함시켰다.

오토랠리는 전러시아고려인연합회 여러분이 모두 합심하여 준비에 만전을 기했다. 특히 러시아연방 외교부로부터 이 행사의 동의를 이끌어낸 조 바실리의 공로는 말로 다하기가 어렵다. 김 뱌체슬라프는 우리 오토랠리가 도중에 만나게 될 각 지역 고려인 지도자들과의 연락을 담당했다. 조직위원회 위원 김 모이세이는 모든 외국인과의 연락을 맡았고, 첸 발렌틴은 언론에 새로운 자료들을 제공하여 우리 행사의 당위성을 널리 알렸다.

전러시아고려인연합회의 적극적인 후원에 힘입어 오토랠리 팀은 CIS의 각 지역에서 해당 지역 고려인연합회로부터 모든 방면의 지원을 충분히 받을 수 있었고, 숙식과 기술적 문제를 순조롭게 해결할 수 있었다. 전러시아고려인연합회의 권위는 한국에서 오토랠리를 만났을 때 더욱 빛을 발했다.

한반도의 38선과 군사분계선 통과 문제에 대한 북한 당국과의 협의는 〈범민련〉과 김 펠릭스 등이 맡았다. 2013년 가을 우리는 김 펠릭스, 최명철 그리고 주러시아 북한 대사관 참사관 조명남과 함께 38선 통과 가능성을 논의하기 시작했다. 한반도 38선 통과 여부는 복잡한 남북관계의 진전에 달려 있는 것이지만, 북한 당국의 동의가 우선 해결되어야 하는 문제이기도 하다. 그래서 2013년 12월 김 에프. 뻬와 신 케.베가 이 문제를 처음으로 제기했고, 2014년 4월 김일성 탄생 102주년 기념식 때 평양을 공식 방문한 러시아 고려인들은 이 주제를 다시 한 번 제기하여 구두로 동의를 받았다.

이 밖에도 석 세르게이, 신 클라라, 김 유리, 서가이 펠릭스, 박 알렉산드르 등이 오토랠리에 큰 도움을 주었다.

러시아연방 외무부와 주러 한국 대사관, 북한 대사관

왼쪽부터 위성락 대사, 마쩨고르 차장, 강성호 공사

오토랠리에 대한 주러 한국 대사관과 북한 대사관과의 합의는 러시아연방 외무부 아시아 제1부 아. 이. 마쩨고라 차장이 맡았다. 그는 주러 한국대사관의 이진현 총영사, 북한 대사관의 조명남 보좌관과 여상기 제1비서 등과 이 문제를 협의했는데, 이 행사의 취지와 의의, 중요성을 강조하며 끈질기게 설득했고, 마침내 남북한 양국 대사관의 동의를 얻어냈다. 마쩨고라 차장은 훗날 북한의 러시아연방 특명전권대사로 임명됐고, 우리 모두 이를 진심으로 축하했다.

우리는 마쩨고라 차장의 발의에 따라 주러 북한대사관 무역대표부 김광남 대표와 모스크바에서 직접 북한과 협상할 수 있는 상사 설립의 문제를 협의하기 시작하였고, 이후 '선린'이라는 상사를 모스크바의 '또르그보이 돔'에 설립한다는 조약을 평양에서 체결했다.

제3장

러시아 지역들 그리고 독립국가연합

모스크바에서 출발

오토랠리는 2014년 7월 7일 모스크바 '러한문화센터'에서 출발했다. 러시아연방 지역 개발부 이. 엔. 슬류냐예프 장관, 외무부 아시아 제1부 아. 이. 마쩨고라 차장, 주러 한국대사관 위성락 대사와 강성호 공사, 전러시아고려인연

2015년 7월 7일, 러시아 이 앤 슬류냐예프 장관이 오토랠리 출발을 선언

오토랠리 대장정 기념행사(왼쪽)와 환송(오른쪽)-모스크바

합회 조 바실리 회장, 러시아 '범민련' 김 펠릭스 의장 등 여러 인사가 이 행사에 참석했다.

오토랠리는 자동차 7대, 참가자 24명으로 조직되었는데, 한국과 러시아의 카메라맨도 참가했다. 모든 차량은 각종 통신 기구를 갖추었고, 차량 측면은 스티커와 로고로 장식되었으며, 각 차량에는 일련번호가 매겨졌다. 또 모든 탑승자들은 오토랠리만의 복장(자켓, 바지, 티셔츠, 모자)을 갖추었다. 배너와 오토랠리의 깃발이 자동차에서 펄럭였다. 그리고 이에 앞서, 우리 자동차행렬이 통과하는 지역의 고려인 사회단체 지도자들에게는 오토랠리 일정이 미리 통보되었다.

드디어 슬류냐에프 장관이 오토랠리 팀의 출발을 선언했다. 우리는 다른 차량들이 끼어들지 못하도록 도로순찰대 경호를 받았고, 모두 어려움 없이 모스크바 외곽도로로 빠져 나왔다.

니쥐느이 노브비슈케크(프룬제)고로드까지의 도로 상태는 몇몇 공사중인 구간을 제외하면 괜찮았다. 우리는 해가 저물 무렵 시내에 도착하였다. 늦은 시간인데도 동(東)올레그 보리소비치 지역 고려인민족문화자치회 회장을 비롯한 많은 고려인이 우리 팀을 환영했다. 환영 행사는 아름다운 볼가 강 강변에 세워진 러시아의 전설적인 조종사 발레리 치칼로프 기념비 앞에서 거행되었다. 우리 일행은 저녁노을로 붉게 물든 강변에서 고려민족예술단의 공연을 보고, 만찬에

기자 회견-니쥐느이 노브고로드

만찬-니쥐느이 노브고로드

볼가 강변 발레리 치칼로프 기념비 앞에서의 기념 촬영

고려민족예술단 단원들

참석한 다음 호텔에서 여장을 풀었다. 객실에서 우리는 창밖에 펼쳐진 아름다운 시내 풍경을 한껏 즐겼다.

다음 날 아침, 오토랠리 팀의 기자 회견이 있었다. 이 자리에서 니쥐느이 노브고로드 시청 국제관계관리국 드미트리 니키쉰 국장은 축사를 통해 이 오토랠리는 고려인뿐만 아니라 모든 러시아인에게 매우 중요한 행사라고 높이 치하했다. 이어서 선물 교환이 있었다. 우리는 준비해온 선물을 증정하였고, 올레그 동은 우리에게 러시아 'UAZ Patriot' 자동차를 선물로 주었다.

우리 오토랠리 팀은 계속 달렸다. 광대한 러시아 평원을 질주했다. 길 양쪽으로는 끝없는 초원과 숲, 강과 시냇물들이 끝없이 펼쳐져 있었고, 높고 푸른 하늘에는 흰 구름들이 뭉게뭉게 떠 있었다. 저녁이 되면 검푸른 하늘을 밝히는 달이 우리를 환한 얼굴로 맞아주었다. 이 대평원에서 맛보는, 자연과 인간이 하나가 되는 기쁨을 어찌 말로 표현할 수 있겠는가!

오토랠리 팀을 환영하는 사마라시 고려인협회장 강 알렉산드르 (왼쪽에서 두 번째)

사마라시 고려인협회 강 알렉산드르 회장(사진 왼쪽)과 오토랠리 팀 필자(오른쪽)

밤 집회-사마라

기자 회견-사마라

음악회-사마라

전나무 기념식수-사마라

사마라 → 오렌부르크 도로 위에서의 휴식

우파와 체복사르 방향의 고속도로는 현대식으로 잘 포장되어 있었고, 도로 주변의 밭에서는 밀과 옥수수, 해바라기 등이 한창 여물어가고 있었다. 가는 곳곳마다 새롭게 펼쳐지는 풍경은 우리의 감탄을 자아냈다.

니쥐느이 노브고로드 주, 추바시야, 그리고 울리야놉스크 주를 지나 밤늦게 사마라 시에 도착했다. 사마라 시는 수많은 노래에서 그 아름다운 풍광을 칭송하는 도시인데, 우리 일행은 이틀 동안 1,100 킬로미터를 달려온 것이다. 사마르시 고려인협회 강 알렉산드르와 그의 부인, 동료들이 시 기념탑 앞에서 빵과 소금으로 환영했다. 빡빡한 일정 때문에 쉬지 않고 달린 탓에 몹시 지쳐 있었지만, 우리 팀은 고려인 센터에서 저녁식사를 하고 그들과 밤늦게까지 대화를 나누며 우의를 다졌다.

기자회견-오렌부르크(왼쪽부터 두 번째 강 지부장, 네 번째 올레그 지모프 부지사)

오렌부르크 지방행정기관

저녁식사-오렌부르크

다음날 아침, 같은 장소에서 기자회견을 가졌고, 예술단 공연을 보았다. 특히 그 자리에서는 남북한의 일반인들이 처음으로 손을 맞잡고 악수를 나눴는데, 이를 통해 우리는 오토랠리의 취지와 함께 우리가 추구하는 것이 얼마나 의의 있는 일인지 새삼 확인할 수 있었다. 우리는 오토랠리를 기념하기 위해 사마라 시의 쾌적한 '민족 간 친선을 위한 가로수길'에 전나무를 심었다. 몇 년 후에는 사마라 시에 '민족 간 친선의 집'이 세워질 것인데, 고려인들은 그 미래의 회관에서 당당한 자리를 차지할 것이다. 사마라 주 행정기관인 '여론모니터링국' 나제즈다 오시포바 국장은 우리의 오토랠리가 러시아 사회에서 민족 간의 화평과

친목을 굳건히 하는 데 크게 기여하고 있다는 점을 강조했다.

크즐오르다 고려인 운동의 원로들

오렌부르크 대초원에 도착한 때는 한밤중이었다. '전러시아고려인연합회 오렌부르크 지부' 강 뱌체슬라브 지부장이 저녁식사를 대접하고, 호텔에 숙소를 마련해주었다. 이 도시 근교에는 러시아의 저명한 시인이며 소설가인 푸시킨의 동상이 있다. 그는 러시아 리얼리즘의 토대를 확립함으로써 러시아 근대문학의 시조로 불리고 있는데, 푸시킨은 여기서 중편소설 『대위의 딸』 집필을 위해 푸가쵸프 반란에 관련된 자료들을 수집했다고 한다.

다음 날 아침에 기자회견이 있었다. 올레그 지모프 부지사 대리, '우랄역사 및 민속학 연구소'의 역사학박사 아멜리나 총장, 오렌부르크 주재 키르기스스탄공화국 쥐. 따 아알라이벡 명예영사가 축사를 했다.

나는 동창생 글레보프 블라디미르과 해후의 기쁨을 나눴다. 그는 우리 오토랠리를 환영하기 위해 200킬로미터 이상 달려왔던 것이다. 우리는 관례에 따라 도시 관광에 나섰다. 강변도로, 유럽과 아시아를 경계 짓는 야익강, 알렉산더 기념탑, 츠칼로프 동상, 러시아 최초의 우주인 가가린이 공부한 비행학교, 도시 공원 안에 위치한 군사기술박물관, 유럽과 아시아의 경계를 표시한 기념비 등은 흥미롭고 인상적이었다. 솔일렉 호수에서 수영은 매우 특별한 체험이었다. 아라비아반도의 사해처럼, 물 위에 가만히 누워 있는데도 가라앉지 않을 정도로 호수 물의 염분 농도가 높았다.

민속촌에서는 여러 민족의 농가와 전통적 풍습을 둘러보았다. 모두 10채의 농가가 있는데, 러시아, 몰도바, 독일, 카자흐, 아르메니아, 추바쉬 등 각기 독특한

카자흐스탄 초원에서

크즐오르다로 가는 길

민족적 특성을 엿볼 수 있었다. 점심식사 후 우리는 카자흐스탄을 향해 다시 출발했다. 그리고 러시아-카자흐스탄 국경 지역에 이르러서 우리 오토랠리는 그때까지 함께 움직였던 한국 대표단과 헤어졌다. 그들은 카자흐스탄 입국비자가 없었기 때문이다.

카자흐스탄. 여기서부터 시간대가 바뀐다. 밤늦게 악토바(악추빈스크)에 도착한 우리는 기다리고 있던 이 지역 고려인 대표들과 만났다.

다음 날 아침, 우리 팀은 아랄스크로 떠났다. 도로는 아스팔트로 포장되어 쾌적하게 달릴 수 있었다. 주변에는 대초원이 끝없이 펼쳐져 있었고, 지평선 저쪽까지 노랗게 익은 들판이 시야를 가득 채웠다. 하늘에는 갈매기 몇 마리가 맴돌았고, 뭉게구름은 우리 머리를 스쳐가는 듯했다. 러시아를 대표하는 작곡가 알렉산드르 보로딘의 교향곡 〈중앙아시아 초원에서〉를 눈으로 보는 것처럼 황홀하고 아름다운 풍경이었다.

토요일이었는데도 김 엘레나 회장을 비롯한 '카자흐스탄 고려인협의회' 크즐오르다 지부 대표자들이 우리를 반갑게 맞아주었다.

다음 날, 예정대로 기자회견이 있었다. 이곳에는 일제강점기에 한국의 독립을 위해 투쟁한 홍범도 장군과 계봉우 선생의 묘지가 있는데, 이날 기자회견에 참석한 계봉우 선생의 손자는 할아버지에 대해 이야기하여 주위를 숙연케 했

기자회견(왼쪽 사진)과 기념사진-크즐오르다

크즐오르다 시 경계

크즐오르다 사막

다. 한편, 크즐오르다 아키마트의 '민족 간 관계국' 라일라 투례쇼바 국장의 말에 따르면, 주정부 당국은 크즐오르다 주에 거주하는 모든 민족에 각각 독자적인 문화 보존과 창달을 위한 기회를 제공하고 있는데, 고려인들은 카자흐 사회에서 가장 활발하게 활동하고 단결된 힘을 보여준다고 한다. 크즐오르다 주에서 28명의 고려인이 사회주의 노동영웅 칭호를 받게 된 것은 이를 예증한다고 볼 수 있다.

김 엘레나 회장이 시내 관광을 조직했다. 크즐오르다에는 일제강점기에 '봉오동 전투', '청산리 전투'에서 일본군에 대패승하고, 고려혁명군관학교를 설립하여 독립군의 실력 양성에 힘을 쏟은 전설적인 독립운동가 홍범도 장군의 기

타슈켄트 야경

웹 사이트 〈고려사람〉 한 블라디슬라브 주필(왼쪽)과 함께

기자 회견-타슈켄트(왼쪽부터 한 블라디슬라브 주필, 필자)

만찬-타슈켄트

념비가 세워져 있다. 또한 그가 말년에 살던 집은 크즐오르다 역사기념물로 지정되고, 집 근처의 거리는 '홍범도 거리'로 명명되었는데, 이는 1982년 〈레닌기치〉 기자들과 이 지역 고려인 지도자들이 합심하여 만들어낸 것이다. 군사영예박물관에는 카자흐스탄 우랄 주에서 징집되어 독일 파시스트 침략자로부터 크림을 해방시키기 위해 싸우다가 우크라이나 볼린스키이 주 빠리두보 마을에서 전사한 소련 영웅 알렉산드르 민을 기념하는 판석도 설치되어 있다.

타슈켄트. 빵의 도시. 옛날에 인기를 끈 영화에서 인용한 제목이다. 어린 시절부터 기억하고 있는 이 문구를 어떻게 잊으랴!

지금 러시아도 어려운 시기를 보내고 있지만, 이런 때 우즈베키스탄, 키르기

타슈켄트에서의 하루

우즈베키스탄 아이들

스스탄, 타지키스탄에서 러시아로 이주해온 노동자들을 위해 이 영화를 다시 한 번 상영했으면 좋겠다. 그러면 그 사람들을 조금은 더 친절하게 대할지도 모르겠다. 우즈베크 땅은 위대한 조국 전쟁 시기에 소비에트연방의 중앙 지역에서 피난 온 수천 명의 가족들을 먹여 살렸던 곳이 아닌가.

밤이 되어 다시 도시 안으로 들어갔다. 우리 팀의 5호차에서 작은 사고가 일어났다. 그 지방 폭주족들이 '대우'에서 만든 차를 타고 과속 운전하면서 우리

왼쪽부터 주 우즈베키스탄 이욱헌 대사(한국), 필자(오토랠리 단장), 우즈베키스탄 고려인문화센터 박 빅토르 회장, 주 우즈베키스탄 리학무 대사대리(북한), 주 우즈베키스탄 알렉산드르 수하노프 1등서기관(러시아)

팀 자동차 행렬의 사고를 유발한 것이다.

호텔 '우즈베키스탄' 앞에서 고려인문화센터 박 세르게이 부회장과 웹사이트 〈고려사람〉 한 블라디슬라브 주필이 우리를 환영했다. 우리는 밤 공원을 산책했다. 예전에 타슈켄트에서 살았던 사람들은 이 작은 공원을 잘 알고 있었다. 한때는 푸른 녹음 속에 꽃들이 활짝 피어 있던 이 공원에서 젊은 연인들이 데이트를 했을 것이다. 그런데 지금은 황량하기 그지없으니, 참으로 슬픈 일이다.

필자의 큰 아버지 김 표도르

우즈베키스탄 고려인문화센터 박 빅토르 회장이 준비한 멋지고 화려한 공연은 오랫동안 결코 잊을 수 없을 정도로 강한 인상을 심어주었다. 박 회장은 우즈베키스탄 주재 한국대사관 이욱홍 특명전권대사와 북한 대사관 리학무 대사대리를 이 연회에 초대하여 같은 테이블에 자리를 마련하고, 나중에는 노래까지 부르도록 설득했다. 연회에는 우즈베키스탄 주재 러시아대사관 수하노프 알렉산드르 제1서기관도 참석했는데, 남북한 외교관이 한자리에 앉아 식사를 같이 하면서 대화를 나눈다는 것은 흔히 볼 수 있는 장면은 아니다.

콘서트 프로그램은 훌륭했다. '고려' 무용단의 공연도 좋았고, 국제페스티벌 '사월의 봄'에서 수상한 리 사샤가 고려인이 좋아하는 '아리랑'을 노래한 것도 감회가 새로워 인상에 남았다. 이어서 '꽃봉오리' 앙상블의 우즈베크 춤 '부하라'를 흥미롭게 관람했다. 우즈베키스탄 공훈배우 신갈리나가 한국말과 러시아말로 노래를 불렀는데, 우리 일행 모두의 마음을 사로잡았다. 연회와 공연은 성공적으로 마무리되었지만, 불행히도 나는 그날 저녁에 내 친척들과는 이야기를 나누지 못했다.

필자의 아버지(콜호스 '레닌그라드' 사무실 앞에서)

다음 날, 나는 우리 집안의 장손인 큰아버지 김 표도르 댁을 찾아가 문안 인사를 드렸다. 그는 90세의 노인이지만, 여전히 기억력이 좋았고, 많은 이야기를 들려주었다. 가족사에 대한 것인데, 다음 인용은 큰아버지의 이야기를 요약한 것이다.

"1910년 조선 북부(함경도) 바닷가의 나진에서 우리 아버지 4형제가 짐 보따리를 싸서 러시아 연해주로 떠났지. 막둥이는 아버지를 따라가기 싫다 해서 고향에 남았지. 넷째는 러시아에서 한 동안 살다가 식솔을 거느리고 중국으로 떠났어. 우리 아버지는 셋째인데, 극동의 '올가'라는 작은 만 근처에 살았지. 7명의 아이들을 두셨고. 아버지 살아 계셨을 때는 별 문제 없이 지냈지. 말, 황소, 암소, 돼지, 그리고 많은 닭을 길렀지. 감자와 옥수수도 많이 심었고. 그런데 갑작스러운 사고로 아버지가 돌아가신 후 어머니는 자식들을 데리고 외갓집에서 가까운 곳으로 이사를 했지. 나호트카 근처 부죠노프카 구역 '트루드리바' 콜호스인데, 얼마 지나지 않아 내 형제 둘이 죽었어. 동영이 형은 발진티푸스로 죽고, 누이는 첫 아이를 낳다가 죽었어. 1937년에 우리 가족은 서부 카자흐스탄 구리예프스키 구역으로 강제로 쫓겨 왔어. 1년 후 목병으로 아스트라하니 병원에서 셋째 형이 죽었고, 내 아버지인 니콜라이도 같은 병으로 죽을 뻔했는데 고려인

의사가 자기가 직접 제조한 약으로 우리 아버지를 살렸어. 전쟁 전에 많은 고초를 겪으며 두 그룹으로 나뉘어 살아온 가족이 외갓집 친척이 살고 있는 우즈베키스탄 '북부 등대' 콜호스로 이사 왔어. 우리 어머니 외갓집에 10명의 아이들이 있었어. 5형제와 5자매."

큰아버지를 찾아뵌 후, 나는 내가 태어난 콜호스 '레닌그라드'를 찾아갔다. 거기에 살고 있는 사람 중 누군가가 내 부모, 그 당시 젊은 부부였던 김 니콜라이와 김 알렉산드라를 기억할지도 모른다는 기대를 안고 여러 사람들에게 수소문해보았다. 그리고 마침내 '타샤울'에서 만난 한 여자가 내가 내민 사진을 보고 우리 부모를 기억했다. 그녀는 우리 부모가 살던 집터를 가리켰다. 내가 태어난 곳이다. 나는 이곳에 언제 또 다시 찾아올 수 있을지. 내가 태어나고 유년시절을 보낸 장소에서 느끼는 감정은 남달랐고, 이러한 감회는 오래오래 간직될 것 같았다.

다음 날 아침 일찍 우리 일행은 내 가족과 연관이 있는 '북부 등대', '김병화'

김병화의 손자와 함께(타슈켄트 김병화박물관)

고려인 콜호스를 방문하기 위해 길을 떠났다. 내 부모는 거기에서 학교에 다녔다고 한다. 전쟁 전 청소년 시기 내 아버지는 모든 콜호스와 솝호즈(국영 농장)에서 이름난 체스의 고수들을 찾아 이곳저곳 수많은 오솔길을 오갔다고 한다. 원래 아버지는 고려 '장기' 선수였는데, 혼자 익힌 체스에 빠져 밤낮없이 체스 판을 손에서 놓지 않았다. '북부 등대'와 그 주변의 체스 고수들을 모두 이긴 뒤에는 더 강한 상대를 찾아 수십 킬로나 떨어진 동네를 걸어서 헤매고 다녔다. 그리고 강한 상대를 만나면 하루 이틀이 아니라 이길 때까지 겨루곤 했다. 그리고 1950년대 말, 마침내 선수권자 후보 칭호를 따냈다. 양기율시에서는 여러 번 챔피언이 됐고, 타슈켄트 주에서도 한 차례 챔피언이 됐었다. 결혼 후, 아버지는 체스에 올인하는 인생을 끝내고 돈벌이를 위해 북(北)카프카스로 떠났다. 그러나 평생 체스와의 인연을 끊지 않았고, 자기 손자 김 알렉세이를 체스에 빠지게 만들었다. 그 뒤 그 손자는 전 세계 모든 한인 중에서 최초이자 유일한 '체스 국제그랜드마스터'가 되어 활동하고 있다.

체스를 두고 있는 아버지

젊은 시절 아버지와 신 니콜라이

아버지와 신 니콜라이(1997년)

아버지가 어딜 가나 체스 판을 챙겨 다녔다면, 아버지의 동창생이자 절친한 친구인 니콜라이는 집단농장 '북부등대'에서 어렸을 때부터 연필을 가지고 다녔으며, 무엇이든 손에 쥐면 거기에다 그림을 그렸다. 그가 바로 신 니콜라이(한국 이름은 신순남)인데, 나중에 그는 동양의 피카소로 불리는 거장이 되었다. '대한민국 금관문화훈장'을 수상한 그의 그림들이 한국의 여러 박물관에서 전시되고 있다. 우리 가족은 신화백이 아버지에게 자필과 함께 선물한 '부채춤'이란 작품을 지금도 간직하고 있다.

이들 두 친구는 젊은 열정을 온 힘을 다해 쏟아냈고, 취미생활에서 시작한 분야를 꾸준히 매진하여 성공적인 결실을 맺었던 것이다.

'김병화' 콜호스에 갔다. 이 집단농장은 우리 어머니의 가족과 깊은 연관이 있는데, 이곳에서 김병화의 손자를 만나 콜호스 박물관을 견학했다. 나는 외할아버지에 대한 정보를 찾고 싶었다. 외할아버지는 연해주에 살 때 '북극성'이란 콜호스에서 의장으로 근무했다고 한다.

2001년 우리 아버지는 금혼식을 올릴 때 〈러시아 고려인〉에서 온 신문기자에게 이 사실을 이야기했다고 한다.

"…… 불행히도, 우리 둘 다 아버지 없이 자랐습니다. 내가 네 살 때 아버지가 돌아가셨고, 내 아내 슈라는 두 살 때 아버지를 잃었습니다. 그건 그렇고, 그녀의 아버지 김봉한이 연해주의 콜호스 '북극성'의 초대 의장이었는데, 그가 맡은 콜호스의 과업을 성공적으로 이끌었고, 그 결과 고려인 중에서는 처음으로 〈붉은 깃발〉을 기념으로 받았습니다. 그러나 그 후 얼마 지나지 않아 안타깝게도 사고로 돌아가셨고, 내 아내 가족도 거기서 중앙아시아로 추방당했습니다. 〈붉은 깃발〉은 여전히 타슈켄트의 김병화 콜호스박물관에 보관되어 있습니다."

소련시절 사회주의 노동영웅인 김병화를 기념하기 위해 세워진 김병화 박물관에는 콜호스의 역사를 증언해주는 많은 전시품이 전시되어 있었다. 하지만 불행하게도 할아버지의 사진이나 그가 처음에 받았다는 〈붉은 깃발〉도 찾아볼 수 없었다.

오토랠리 환영 행사를 마치고 여러 민족 지도자들과 함께-비슈케크

김병화는 러시아 혁명 당시 '붉은 군대', 즉 적군파의 장교로 혁명에 적극 참여했는데, 그는 1937년 내무인민위원부(NKVD) 고문실에 구금되어 탄압을 받았다. 그러나 1년 반 후 기적적으로 석방되었다. 그 후 그는 1940년에 콜호스 '북극성' 의장이 되고, 이 콜호스를 소련에서 가장 진보한 농업기업 가운데 하나로 발전시켰다. 이러한 업적으로 '북극성' 콜호스 구성원 중 26명이 사회주의 노동 영웅 '황금별' 훈장을 받았다.

우즈베키스탄과 카자흐스탄에서 고려인 콜호스들이 성공적으로 운영되고 있다는 사실은 소련 내 모든 나라에 널리 알려져 잘 알고 있었다. 고려인들은 소련의 모든 민족 중에 사회주의 노동 영웅 숫자로 보면 첫 번째 자리를 차지하고 있다. 또한 '스베르들로바' 콜호스의 한 고려인 가족이 두부를 제조하는 장면은 다큐멘터리 영화의 한 부분으로 촬영되기도 했다. 전쟁 당시 5개의 고려인 콜호스, '북극성', '북부 등대', '스베르들로바', '프라브다', '레닌' 등의 구성원들이 국가 방위를 위한 기금으로 6백만 루블을 기부했는데, 이 자금으로 탱크와 전투

비슈케크 알라 투 광장

비슈케크(키르기스스탄) 가는 길

오토랠리 팀 환영 행사-알라 투 광장

고려인센터 지도자, 주 키르기스스탄 김창규 대사와 함께

차량들을 생산할 수 있었다.

타슈켄트에서 1992년 오토랠리에 참가했던 최 그리고리를 우연히 만난 것은 전혀 뜻밖이었다. 처음에는 우리는 서로 알아보지 못했지만, 서로 기억을 더듬

카자흐스탄 알마티를 향해 중앙아시아 초원을 달리는 오토랠리 팀

카자흐스탄 알마티를 향해 중앙아시아 초원을 달리는 오토랠리 팀

은 끝에 그때 함께했던 일들을 떠올리며 즐겁게 많은 이야기를 나누었다.

키르기스스탄 비슈케크로 출발하기 전, 타슈켄트에서 곽 바실리가 이끄는 '시보레 캅치부' 승용차와 네 명의 참가자들이 우리 오토랠리 대열에 합류했다.

비슈케크(프룬제)에 도착했다.

안개에 휩싸인 듯 모든 게 뿌옇다. 새벽에 시내로 들어갔다. 아침식사 후 광장으로 향했다. 한복과 키르기스 민족의상을 입은 아가씨들, 키르기스스탄 고려인연합회 최 발레리 회장과 주 키르기스스탄 한국대사관 김창규 특명전권대사, 주 키르기스스탄 러시아연방 대사관 다리야 파호모바 대변인, 그리고 키르기스스탄 인민어셈블리위원회 무르주브라이모프 벡티미르 회장 등이 우리를 환영했다.

기자회견-알마티(왼쪽부터 김 게르만, 필자, 김 안드레이)

알마티 경계에서

한국어교육원 초청 파티-알마티

알마티 한국어교육원

초청 파티를 마치고(왼쪽부터 김 게르만, 김 로만, 필자)

《메데오》 고산 스케이트장

카자흐스탄, 알마티

유가이 로베르트와 함께(왼쪽이 필자)

김 알렉산드르와 함께(오른쪽이 필자)

1992년 오토랠리 참가자들
(앞줄 왼쪽부터 유가이 비탈리, 필자, 유가이 로배르트. 뒷줄 왼쪽부터 박 블리디미르, 유가이 루돌프, 박 이고르, 허 알렉세이)

러시아 국경지역에서의 야영

비슈케크 '알라 투' 광장에서 우리 오토랠리 대장정을 환영, 축하하는 행사가 있었다. 최 발레리 회장 등 많은 내빈이 축사를 했고, 내가 우리 오토랠리의 목적과 임무에 대해 자세히 말하고, 다른 민족 지도자들과 함께 많은 얘기를 나눴다. 행사를 마치고 다 함께 기념사진을 찍었다.

알마티에 도착했다. 카자흐스탄 고려인협회 김 게르만 부회장이 우리 일행을 열렬히 환영했고, 우리는 그의 안내로 시내 산책에 나섰다. 젊은 시절, 모스크바에서 대학을 졸업하고 1983년에 전문가가 되어 직장이 있는 이곳에 왔을 때만 해도 이 도시를 '알마—아타' 라고 불렀었다. 나는 지금도 그렇게 부르고 싶다. 도시는 그 동안 더 아름다워졌다.

알마티의 한국어교육원에서 성대한 환영 공연이 열렸다. 알마티의 한국 유학생들이 흥미로운 현대 춤을 보여주었다. 여기서 알마티 한국영사관 손치근 총영사, '민주평통' 중앙아시아지역협의회 이재완 회장, 그리고 카자흐스탄고려인협회 회장 겸 카자흐스탄 국회의원인 김 로만 회장 등과 면담했다. 특히 김 로만 회장은 우리 오토랠리 팀에게 선물과 함께 카자흐스탄 체류에 필요한 비용을 쾌척했다.

다음날 유명한 '메데오' 스케이트장과 알라타우 산기슭을 둘러보았다. 저녁에는 지난 1992년 오토랠리에 참가했던 여러 지인들과 만났다. 많은 이야기를

우슈토베 가는 길

우슈토베. 탄압받은 고려인들을 위한 기념비

나누면서 기억 속에 남은 그때의 일들을 되살렸다. 마치 22년이란 시간의 간격이 없는 것처럼!

박 이고리의 글 한 부분.

"훨씬 나중에 서울 한 박물관 전시실에서 누렇게 바란 사진을 보았는데, 러시아 제국의 영토로 이주하는 모습들을 포착한 사진들이었다. 남자, 여자, 노인, 아이들의 무리가 단출한 살림살이를 매고, 한 뼘 정도로 보이는 마지막 조선 땅을 등 뒤에 남긴 채 두만강을 건너간다. 그 무리 속에는 우리 할아버지도 있었다고 상상해본다. 나는 할아버지에게 '가지마세요!' 라고 외치고 싶다. 고향 땅을 떠나지 마세요! 아무리 살기 어려워도! 할아버지는 조국에서만 이 땅의 주인이라고 진정 느끼며 살 수 있어요. 또 조국에서만 모든 사람이 평등할 수 있어요. 좀 기다려 보세요! 할아버지 결정에 후손들의 운명이 달렸으니까요! 정신 차리세요! ……"

위의 인용은 박 이고리가 1993년 소련연방의 붕괴 뒤에 쓴 글의 부분이다. 그

정 보리스 회장과 함께(왼쪽이 필자)-노보시비르스크

스베틀라나 쉐바예바 차관(왼쪽 첫 번째)과 함께

노보시비르스크에서

때는 어디를 막론하고 무질서와 함께 불확실한 미래에 대한 비관과 불신이 사람들을 지배했었다. 22년이 지난 지금, 우리는 언젠가 모든 것이 제자리를 되찾으리라고 이해한다. 바로 '한인의 자발적 러시아 이주 150주년 기념' 행사들이 이를 증명하고 있는 것 아닌가.

카자흐스탄의 고려인들이 우리 오토랠리에 참가하지 못한 것은 안타깝기 그지없는 일이지만, 우리는 알마티에서 러시아 쪽으로 방향을 잡았다. 차량 두 대가 대열에서 벗어나 우슈토베를 방문하려고 두 시간 먼저 떠났다. 알마티에서 70킬로미터 떨어진 곳에 감청색의 맑고 따뜻한 물을 자랑하는 캅체가이 호수가 있다. 일행은 시간 가는 줄 모르고 모두 탄성을 지르며 수영을 즐겼고, 결국 나중에는 강제로 물 밖으로 몰아낼 수밖에 없었다. 우리는 그리 높지 않은 산길로 접어들었다. 아름다운 녹색 골짜기에 있는 톨드이쿠르간을 지나간다. 카자흐스탄 고려인협회 김 데니스와 그의 측근이 우리와 함께 300킬로미터 이상 동행했다.

밤 10시 지나서 우리 일행은 멈췄다. 산중의 강가에서 야영지를 마련했다. 텐트를 치고 모닥불을 피우고, 고기와 감자를 넣은 맛있는 음식을 준비했다. 마침 그날이 우리 일행의 한 사람인 리가이 이리나의 생일이었다. 그녀는 이 특별한 생일 축하파티를 아마 영원히 잊지 못할 것이다. 별이 쏟아져 내리듯이 빛나는 밤, 산에서 흐르는 강물, 텐트… 카자흐스탄 고려인협회에서 오토랠리 참가자 전원에게 기증한 편리하고 다채로운 담요는 이번 야영에서 산중 추위를 면하는 데 큰 도움을 주었다.

북쪽을 향해 다시 출발했다. 당시 카자흐스탄은 집중적으로 도로를 새로 건설하고 보수하고 있었는데, 그래서 아스팔트로 포장한 도로와 흙먼지를 일으키는 비포장 우회도로가 번갈아 나타났다.

또 하나의 국경인 세관. 벌써 여섯 번째. CIS 국경에서 통관 절차로 하루를 보냈다. 이 국경에서 우리는 '빨간 복도'를 통과해야 했다. 검사가 얼마나 엄격하고 철저한지 엑스레이는 물론 개까지 데리고 다니며 모든 것을 뒤집어 샅샅이 조사했다. 소련시절 우리는 비행기나 기차 또는 자동차로 세관 검사 없이 연방 전 지역을 여행을 할 수 있었다. 그런데 소련이 붕괴되고 CIS로 재편되면서 국경마다 세관이 등장했고, 그 국경들을 통과할 때는 반드시 검사를 받아야 했다. 소련시절에는 상상조차 할 수 없던 일은 이것뿐만이 아니다. 소련 붕괴 후 고려인 가족 구성원들은 어느 날 갑자기 서로 다른 국가의 국민이 되어버렸다. 러시아 고려인 가족 대부분은 사촌은 카자흐스탄 국민, 외사촌은 우즈베키스탄 국민으로 국적이 서로 다른 것이다.

다음은 **노보시비리스크**다.

'새로운 시베리아'라는 뜻의 노보시비리스크는 러시아의 정중앙에 위치하고 있으며, 시베리아에서 가장 큰 도시이고, 아름답기로도 유명하다. 특히 시베리아횡단철도를 비롯, 투르크-시베리아철도와 몽골횡단철도, 만주횡단철도 등이 연결되는 철도 운송의 심장부 역할을 하는 도시이다.

우리 오토랠리 팀은 이곳에서부터 블라디보스토크까지 시베리아횡단철도를 따라 나란히 갈 것이다.

노보시비르스크 주 고려인협회 정 보리스 회장이 호텔 앞에서 우리 일행을 맞이했다. 다음 날 아침 시베리아 전지역에서 이름난 드라마 극장 근처에서 이 지역 기자들과 간담회를 가졌다. 그리고 이 지역 고려인협회의 문제와 전망에 대하여 노보시비르스크 주정부의 지역정책부 스베틀라나 쉐바예바 부장관과 협의했다.

한편, 아쉽게도 모스크바에서 노보시비리스크까지 우리 오토랠리 팀과 동행했던 김 모이세이, 리 뱌체슬라브, 그리고 알렉세이 시조프 등은 중요한 일이 생겨 모스크바로 돌아갔다.

교통사고

그날 늦은 저녁에 일어난 사건에 대해 이제야 마음을 가라앉히고 모든 일의 전말을 이야기할 수 있을 것 같다. 나는 그때 실제로 세상과 작별할 뻔했다. 우리 차가 앞으로 달리고 있는데, 40톤짜리 화물차가 무척 빠른 속도로 우리 쪽으로 달려왔다. 쾅, 그리고 완전한 적막, 자동차가 공중으로 치솟아 날아가고. 누군가 내게 "너는 아무 것도 할 수 없어, 그냥 그대로 있을밖에, 네 몸뚱이 어딘가는 맞아야만 해. 어디를 때려줄까?" 이렇게 말하는 것 같았다. 창밖을 온통 뒤덮

이르쿠츠크 고려인들과 함께

이르쿠츠크의 밤

은 회색 안개, 고동치는 관자놀이에서 어른대는, 미처 하지 못한 일들에 대한 생각 ……

자동차는 다행히 길가에서 멈췄다. 사람들이 뛰어 와서 문을 열었다. 왠지 누군가가 이 불운한 충돌을 촬영할지도 모른다는 생각이 들었다. 만일의 경우에 대비하여 그것을 금지했다. 모두 크라스노야르스크 쪽으로 이동하라고 명령했다. 김 안드레이가 선두에 섰다. 몇 분이 지나서야 나는 신발이 벗겨져 있는 것을 발견했고, 발이 덜덜 떨리는 것이 눈에 들어왔다. 추워서가 아니었다. 누군가가 내게 보드카를 주었다. 약으로 한 잔, 두 잔, 석 잔. 긴장이 풀렸다.

운전기사는 자신을 향해 달려드는 차나 어떤 물체와 충돌할 위험이 발생할 때는 본능적으로 핸들을 반대편으로 돌려야만 했다. 그러나 그 충격이 운전석으로 갔다. 그렇다면 운전기사가 의도적으로 사고를 냈던 것이다.

사고 현장에는 친구 김 일리야와 옛 친구 세르게이 스탈첸코프가 나와 함께 남았다. 교통경찰관과 견인 트럭을 불렀다. 세르게이가 사고 현장에서 200여 미터 떨어진 벌판에서 우리 차량의 바퀴 하나를 발견했다. 트레일러 왼쪽 바퀴 8개는 칼로 찢겨진 것 같았고, 왼쪽 바퀴 디스크는 종이를 구겨놓은 것 같았다. 교통경찰관의 판단으로는 이런 충돌에서 살아남을 확률은 1/200이라 했는데, 천우신조로 에어백이 정상적으로 작동하고, 차가 뒤집히지 않아 큰 부상 없이 살아날 수 있었던 것 같다.

크라스노야르스크에 도착했다. 어느 새 7,500킬로미터를 지났다. 우리 여정의 절반 거리이다. 참으로 멋진 지역이다. 이곳에는 드넓은 예니세이 강, 크라스노야르스크 수력발전소가 있고, 유명한 스톨브이가 있다.

마침내 충분한 수면과 휴식을 취했다. 다음 날 교통경찰이 우리 일행을 에스

기자회견-이르쿠츠크

이르쿠츠크 고려인들과 함께

바이칼 호수에서

코트하여 평화광장에 도착했다. 거기서 크라스노야르스크 주재 러시아 외교부 대표부 자하로프 수석전문가가 참여한 브리핑이 진행되었다. 여기에서 독일에서 온 사진작가 마틴 폰 덴 드레이쉬와 그의 아내 김 율랴가 오토랠리에 합류하였다. 한 시간 뒤에 우리 일행은 도중에 먹을 식량을 보충하고 이르쿠츠크로 향했다. 충분한 휴식을 취한 터라 가는 길도 한결 쉽게 느껴졌다. 우리는 비류사 강(江) 쪽으로 향했다. 이르쿠츠크로 계속 전진할 수 있는 힘을 충전하기 위해 우리는 강가에서 야영을 하기로 결정했다.

아름답고 고요한 강, 맑고 상큼한 공기, 별이 총총 빛나는 밤하늘. 사위는 강렬한 인상을 주었다. 아주 자그마한 도시 느낌을 주는 텐트들이 죽 늘어섰고, 모닥불에 구운 샤슬릭(러시아 전통 고치구이)으로 저녁식사를 했다.

이르쿠츠크에 도착했다. 우리는 도심으로 들어가지 않고 곧장 바이칼 호수 쪽으로 향했다. 하루 종일 움직였다. 끝없이 펼쳐진 시베리아의 광활함과 시베리아를 흐르는 강들. 우리는 인간의 상상을 초월하는 시베리아 대자연에 경외와 감탄을 금할 수 없었다. 호수 외곽 앙가라 강가에 자리 잡은 휴양소에 차를 세웠다.

나는 여러 차례 바이칼에 왔다. 하지만 올 때마다 항상 처음 오는 것처럼 가슴

바이칼 호수

리스트비얀카 벼룩시장

가득히 사랑이 넘치고 벅찬 기쁨으로 가슴이 두근거린다.

아침 식사로 바이칼 특산물로 유명한, 연어 일종인 오물을 먹었다.

바이칼 호수

이르쿠츠크 주 교통경찰관 덕분에 우리는 이르쿠츠크 시에 예상보다 일찍 도착했다. 잠시 휴식을 취한 후, 오후에 박 류보비를 비롯한 이르쿠츠크 주 고려인 협회 대표단과 주정부 문화, 스포츠 및 청소년 정책부 니키친 파벨 빅토로비치 장관 등과 점심식사를 같이 했다.

다음 날 〈아르구멘티 이 팍티〉지 프레스센터에서 기자회견을 가졌다. 이 자리에는 주 이르쿠츠크 한국 총영사관 박종남 총영사도 참석하여 우리 오토랠리 팀의 대장정을 격려하고 치하했다. 저녁에는 바이칼 호수 근처로 돌아가 저녁 식사를 하고, 공연도 관람했다. 바이칼 호수 인근의 벨라야 레츠카 마을 소년소녀들로 조직된 공연단의 다양한 레퍼토리가 마음에 들었고, 아티스트들도 훌륭했다. 참으로 멋진 콘서트였다.

바이칼 호수를 떠나 부랴트공화국 수도 울란우데로 향했다. 이곳에는 러시아 라마교 승려가 순례의 길에 반드시 들르는 불교사원 '이볼긴 다짱'이 있는데, 우리 오토랠리 팀도 그냥 지나치지 않았다. 불교는 고려인의 전통종교이다.

울란우데(러시아 부랴트공화국 수도)에서의 한때

그래서 이 다짱에 올 때마다 매번 마음의 안정을 찾게 되고, 동시에 세상을 향한 평화의 마음을 갖게 된다. 그리고 유전적으로 옛 조상들의 믿음을 '회상한다'.

뜻밖에도 부랴트공화국 고려인협회 리 로자 회장을 비롯한 고려인 대표단이 우리를 따뜻하게 환영했다. 점심식사를 하면서 고려인협회에서 열성으로 활동하는 여러분들과 고려인 사회의 현안에 대해 폭넓은 대화를 나누었다.

울란우데 시청에서 기자회견을 가졌는데, 울란우데 시 관광발전부 보로딘 안드레이 알렉산드로비치 부장은 환영사에서 우리 일행을 격려하고 치하했다. 기자회견을 마친 후 민족회관으로 향했는데, 회관의 고려인 실(室)을 보고 모두 만족하는 것 같았다.

울란우데에서, 나는 2012년 아태지역경제연합 정상회담에 즈음하여 조직했

치타-하바롭스크 고속도로 스냅

던 '상트페테르부르크-모스크바-블라디보스토크' 오토랠리 참가자 드미트리예프 뱌체슬라브와 해후, 반갑게 담소를 나누었다. 그리고 바로 그때 그의 부인이 딸을 출산했다는 기쁜 소식을 접하게 되어 우리 두 사람의 기쁨은 배가되었다.

아무르는 러시아에서 가장 아름다운 고속도로 중 하나이다. 도로는 계곡을 따라 산 위로 올라가기도 하고 다시 드넓은 벌판으로 내려가기도 하는데, 한 마을에서 다른 마을까지 100킬로미터 이상을 가야 한다. 도로가 환상적이고, 도로 주변에는 인적이 없어 마치 원시자연을 내달리는 것 같은 느낌이었다. 신비롭고 원초적 힘을 품고 있는 시베리아……

하바롭스크까지는 2,000킬로미터 이상, 멀고도 먼 길이다.

치타—하바롭스크 고속도로는 유라시아를 꿰뚫으려면 꼭 지나쳐야 하는, 여러 민족의 회랑 같은 중요한 부분으로 러시아의 서쪽에서 동쪽으로 통과하는 길을 열어준다. 지형이 아주 복잡하고 기후대도 다양하다. 여전히 마을들도 드문드문 나타난다. 도로는 구불구

하바롭스크에 도착 후 고려인협회 지도자들과 함께

불 위로 향하다가 다시 아래로 끝없이 이어진다. 얼마나 광대한 러시아인가! 저녁 무렵 우리는 토미 강(江) 강변에서 멈춰 저녁식사를 준비했다. 김 안드레이가 모닥불을 피워 우즈베크식 '플롭'을 정말 예술적으로 만들어냈다.

하바롭스크 시

이곳은 러시아에서도 여러 민족이 가장 많이 모여 사는 지역 중 하나다. 러시아인과 고려인들은 각기 다른 전통과 풍습을 지키고 있다. 하지만 민족 간 문화 교류로 러시아 고려인들은 과학과 예술 분야에서 성과를 거두고 있다.

극동과 시베리아의 고려인단체연합회 백구성 회장이 우리를 환영하며 따뜻

환영 행사와 고려인문화센터 기념공연-우수리스크

하게 맞아 주었다. 우리 오토랠리를 취재하려고 많은 언론인들이 모여 기다리고 있었다.

우리 팀이 묵고 있는 호텔 근처의 하바롭스크 향토박물관을 관람하고, 박물관 바로 옆 무라비예프 아무르스키의 동상과 전망대가 있는 공원에서 망중한을 즐겼다. 시내 버스투어도 볼거리가 많았고, 유람선을 타고 아무르강을 횡단한 것 또한 매우 인상에 남았다.

다음 날 우리 일행은 진귀한 골동품적인 가치를 지닌, 그러나 지금도 작동되는 자동차들을 타고 주행해보는 체험을 즐겼다. 우리가 탄 자동차 행렬은 시내 도로를 따라 몇 킬로미터나 이어지고 있었다. 많은 사람들이 제2차 세계대전 때

사용했던 자동차를 시승했고, 백 구성 회장과 나는 유리 가가린이 하바롭스크를 횡단한 오픈카를 운전했다.

우수리스크 민속박물관

고려인 희생자 추모비. 1930년대 정치적 탄압과 강제이주 희생자들을 추모하는 위령비. 쉬체르빈스키 공동묘지 한인구역에 세워져 있다

우수리스크에는 오토랠리를 함께 할 새로운 참가자 11명이 우리를 기다리고 있었다. 그들 대부분은 김 펠릭스를 비롯한 '범민련' 소속이었다.

우리가 도착하기 이틀 전, 우수리스크에서는 최명철이 조직한 태권도 페스티벌이 열렸는데, 행사는 아주 높은 수준으로 진행됐다고 한다.

우수리스크 도착 후, 우리 일행이 도중에 교통사고를 당했다는 소식을 듣게 된 안 니키타는 선뜻 자기 승용차를 우리에게 내주었고, 고려인문화자치회 김 니콜라이 회장은 우리 일행을 환영하기 위해 도시 중앙광장에서 콘서트를 열었다. 우수리스크 고려인문화센터에서 주최한 환영만찬에는 주 블라디보스토크 한국영사관의 이양구 총영사가 동석했다.

우수리스크는 고려인들이 제일 많이 살았던 곳이다. 지방 박물관에 전시된 1864년부터 현재까지의 고려인 역사를 밝혀 주는 사진들과 다른 여러 전시품이 이 같은 사실을 뒷받침해준다. 박물관에 있는 많은 전시품은 한국 독립운동과 1937년 연해주에서 카자흐스탄과 중앙아시아로 고려인들이 강제로 추방당한 사실을 잘 보여준다.

주지하는 바와 같이, 1910년 일본이 조선을 강제로 합병한 경술국치 이후 일제에 의해 탄압받던 정치범들을 비롯하여, 교사, 해산된 조선군대의 군인, 지식인들이 한반도에서 연해주로 이주했다. 러시아 극동지역이 조선의 독립을 위한 항일 투쟁의 주요 기지가 된 것은 결코 우연이 아니었다. 안중근, 장도빈, 강상진, 김백추, 김경천, 이동녕, 이동휘, 이상설, 신채호, 최계립 등 독립투사들은 남북한에 널리 알려져 있다. 초대 도헌(都憲) 최재형(표트르 세묘노비치)은 19세기 말 러시아 고려인 단체의 지도자로서, '의병'을 조직하여 일본 침략자들과 무장 투쟁을 벌였다. 그는 1920년 극동을 일본 간섭군이 임시 점령했을 때 체포되어 일제에 의해 총살당했다.

한인 의병대들은 시베리아와 극동지역에서 러시아 내전 당시에는 '적군'파 빨치산 군대의 중요한 구성원으로 활동하였다. 1920년 초에는 연해주에서만 거의 4천 명의 한인들이 '백군'파와 맞서 싸웠으며, 30개 이상의 한인(고려인) 빨치산 군대들이 블라디보스토크에서 우랄 산맥까지 소비에트 측에 서서 싸웠다.

2004년에 모스크바 주 쉬체르빈스키 공동묘지 한인 구역에 "1918-1922년에 외국 침략자로부터의 러시아 극동지역 해방을 위한 전투에서 산화한 전사자들에게"라는 위령비가 세워졌는데, 김 에두아르드는 공동묘지 안에 한인 구역을 조성하고 정비하는 일을 담당했다. 같은 해, 다시 쉬체르빈스키 공동묘지 한인 구역에 "1930년대 정치적 탄압과 강제이주의 희생자들에게"라고 쓴 위령비가 건립되었는데, 새로운 시대 고려인 운동의 지도자들인 박 므.느., 한 므.느., 이 브.프., 유가이 그.아., 신 아.스., 한 스.아. 등의 묘가 여기에 있다.

1937년의 강제이주. 스탈린 정권의 내무인민위원부(NKVD) 경찰은 중앙아시아로의 강제이주를 완벽하게 실시하기 위해 연해주에서 2,500명의 고려인들을 체포했다. 군대, 대학, 연구기관 및 산업기업에서 활동하는 고려인 사회의 지도층 인사들을 대거 체포 구금하여 소련에서 고려인의 민족정체성을 뿌리째 뽑아

블라디보스토크에서의 기념행사, 루스키 섬 다리(맨 아래 사진)

내려 했던 것이다.

1937년 10월 극동지역에서 고려인의 중앙아시아 강제이주는 완료되었다. 36,442 가구, 171,781명의 고려인들을 짧은 기간에 카자흐스탄과 우즈베키스탄으로 실어냈다. 강제이주 중 차량 안에서, 또는 땅굴에서 첫 겨울을 지내야 했던 고려인 1천 명 중 40명이 죽었고, 유아 사망률은 소름 끼칠 정도로 높았다. 아이가 여럿 있는 대부분의 가정에서는 감기와 기아, 질병 때문에 다섯 중 하나는 피어보지도 못하고 죽어갔다.

1937년 그때 우리 부모의 나이는 몇 살이었을까? 어머니는 네 살, 아버지는 열한 살. 그들은 살아남았다.

어머니에게 있어 고향 같은 콜호스 '북극성'도 우즈베키스탄으로 옮겨졌다. 그녀는 네 살 때 어머니, 오빠와 함께 그 먼 길을 가축을 운반하는 기차 화물칸에 실려 갔었다. 나는 이제 그 길을 반대로 거슬러 가고 있다. 나는 오토랠리를 통해 먼 옛날, 우리 가족의 역사 속으로 시간여행을 하는 것만 같았다. 타슈켄트에서 연해주, 북한의 나진. 1910년 내 조상들은 조선 땅 함경도 나진 그곳에서 러시아 극동 연해주로 이주했고, 다시 중앙아시아 타슈켄트로 강제이주를 당해 정착했던 것이다.

우리 오토랠리는 우수리스크를 떠나 블라디보스토크로 향했다. 바깥 온도는 30도를 넘는 폭염이었지만, 곧 바다를 만날 생각에 가슴이 설레었다. 드디어 블라디보스토크에 다가왔음을 알리는 루스키 다리가 눈에 들어왔다. 시베리아횡단철도의 종착역, 우리 오토랠리 팀이 한반도를 향해 남하하기 시작하는 지점인 블라디보스토크에 도착하게 된 것이다.

블라디보스토크

연해주 고려인협회 박 발렌틴 회장이 우리를 따뜻이 환영했다. 박회장은 북한

국경을 건너기 위한 철도 플랫폼(무개화차)의 비용 문제를 해결해 주었다.

우리는 시내에 위치한 '태평양함대 전투의 영예' 기념관에 헌화하고, 환영행사에 참석했다. 이 행사는 우리 오토랠리의 취지와 목적, 그 의의를 알리기 위해 마련된 자리인데, 우리 일행이 한반도에 넘어가기 전 러시아 땅에서 거행된 마지막 행사였다. 이 행사에는 연해주 미클루쉐프스키 블라디미르 주지사를 비롯하여, 고르차코프 브. 연해주 의회 의장, 이양구 총영사(한국)와 임청일 총영사(북한)가 참석한 가운데 많은 사람이 모여 성황리에 펼쳐졌다. 특히 연해주 고위급 인사들과 남북한 총영사가 참석함으로써 우리 오토랠리의 위상이 드높아졌다.

블라디보스토크에서 우리 오토랠리 팀은 재편되었다. 그동안 함께 달려온 한국측 참가자들, 르기로 우리측 참가자 5명과 아쉽게도 헤어져야 했다.

북한 국경에 거의 다 갔을 때 또 하나의 교통사고가 일어났다. 5명이 탄 미니밴 '부식'이 심하게 부서졌고, 그래서 우리 오토랠리 팀에는 8대의 차량만 남게 되었다. 경험이 가장 많은 운전기사 예브게니 자우예르도 이 사고에 대해 아무런 설명도 하지 못했다. 사고가 자신의 책임이라고 생각한 그는 이곳에 남아 자동차를 모스크바로 돌려보내는 일을 돕고, 우수리스크에서 우리를 기다리기로 결정했다.

여권에 붙인 북한 비자에 스탬프를 찍고, 차량들은 화물열차에 실었다. 오토랠리 참가자들은 국경지역인 연해주 하산(Хасан)의 크라스키노로 버스를 타고 이동하였다. 우리는 국경이 나타나기를 초조하게 기다렸다. 가는 길 왼쪽에 표트르대제 만(灣)의 멋진 풍경이 눈앞에 바짝 다가왔다. 아름답게 펼쳐진 새파란 풀밭, 왜가리, 가마우지, 갈매기 그리고 이 지구상에서 가장 넓은 바다 태평양.

제4장

북한

북한과 러시아 국경 하산(Хасан)

나는 안드레이와 그가 이끄는 촬영 팀과 함께 철도 위에 놓인 육교에 섰다. 지난 1992년, 그때 나는 러시아, 중국, 북한 3개국의 국경이 만나는 이 자리에 섰었는데, 지금 나는 또 다시 이 자리에 선 것이다.

러시아 연해주 서남쪽 끝 국경도시 하산(Хасан)을 출발, 기차에 자동차를 싣고 두만강 철교를 건너 북한으로 이동

하산 역을 배경으로 기념사진. 하산은 두만강을 경계로 북한, 중국과 접해 있는 러시아 국경도시이다

북한에서 필요한 경비는 참가자들 각자가 부담하기로 하였다. 이는 애초부터 결정한 사항이었지만, 주식회사 '클렙베르 필림즈'의 김 안드레이 사장이 적지 않은 금액을 지원했다.

차량 안에서 제각기 자리를 차지했다. 우리가 탄 기차에다 우리 자동차들을 실은 플랫폼 3개를 붙였다. 평소처럼, 류바가 물병과 음식을 나누어 주었다. 그녀는 여행시 참가자들의 식사와 숙박시설에서의 배치 임무를 자발적으로 맡았다. 그녀가 없었다면 우리 일행은 무척 힘들었을 것이다.

우리가 탄 기차는 느리게 움직였다. 가는 도중에 본 것은 우리 모두가 꼭 기억해야만 한다는 듯이. 예전에 브레즈네프와 김일성이 만났던 '우정의 집'을 지나치고 있다. 드디어 우리는 두만강의 한 가운데를 지나간다. 기차 안에서 '만세!' 소리가 우렁차게 터져 나왔다. 나는 각 좌석을 돌아다니며 우리 일행 하나하나와 축하 인사를 나누었다.

그리고 어느 새 우리는 북한 땅 위에 있다. 들판은 녹색으로 물들어 있고, 그 빛깔이 믿기지 않을 정도로 선명하고 생생한 느낌이었다. 산, 바다. 그저 너무나 아름답다는 말밖에 더 할 말이 없는 한국의 소나무들. 꿈에서 그려보던 산야였다.

입국 심사와 세관을 무사히 통과했다. 나는 한반도 땅에서 손수 운전하고 싶어 흰색 '패트리어트'를 몰고 플랫폼에서 내려왔다. 모두 정해진 차량에 올라

길을 떠났다. 저녁 무렵까지는 나진시에 도착해야 했다. 나진에 가면, 나는 내 조상들이 살았던 곳을 볼 것이다.

비포장도로로 경찰차가 동반했다. 북한은 우리 일정에 따라 사전 준비를 철저히 한 것 같았다.

해질 무렵, 우리는 나진시 '휴식의 집'에 도착했다. 러시아 총영사관에서 대표로 나온 리 블라지슬라브와 니콜라이 예브도키모프, 그리고 기자들이 우리를 맞이했다. 축사가 있었고, 기념사진을 찍은 후, 저녁식사를 했다. 공식일정을 마친 후 숙소로 정한 '휴식의 집'으로 갔다. 객실은 아늑해서 좋았다. 창밖으로는 아름다운 자연이 드넓게 펼쳐져 있었다. 대기 속에서 침엽수 향기가 강하게 코끝을 파고들었다. 그림 같은 바닷가를 바라보면서 국제 관광을 위해 더 없는 장소라는 생각이 들었다. 중국 관광객들은 이곳을 많이 찾아온다는데, 러시아 관광객들은 오지 않는다고 한다. 은근 부아가 치밀었다.

동이 틀 무렵, 내 조카 안드레이와 그의 촬영팀을 데리고 바닷가로 나갔다. 동쪽에서 퍼져 나오는 찬란한 햇살 아래서 나는 내 조상의 땅에 절을 올렸다. 주변 환경이 나를 홍분케 만든다. 적막에 잠긴 작은 만, 산봉우리의 그림 같은 소나무들과 나지막한 산기슭, 작은 배를 타고 바다로 고기를 잡으러 나가는 어부들, 일렁이는 파도에 밀려 모래 위로 굴러가는 물결 속으로 햇살이 반짝반짝 뛰놀고

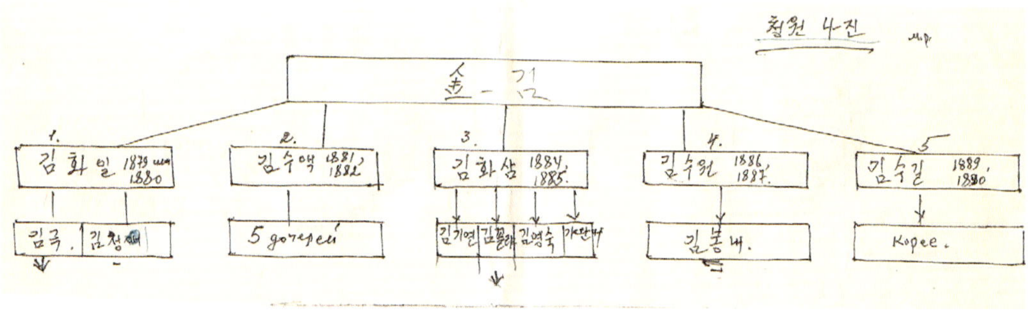

우리 가족의 가계도

있다. 우리 조상들이 얼마나 살기가 힘들었기에 이런 아름다움을 뒤로 하고 타향으로, 그것도 남의 나라 땅으로 떠나기로 결정했을까? 우리 가족은 아버지가 손수 그린 가계도(家系圖)를 보관하고 있다. 거기에는 우리 조상이 어떻게 조선 땅을 떠나게 되었는지 등이 기록되어 있다.

여기 어딘가에 내 육촌이 살고 있을 것이다. 우리 증조부의 막내아들이 나진에 남아 있었다는 사실을 들어서 알고 있다. 어쩌면 우리 친척 중에서 누군가는 평양, 아니면 한국에서 살고 있을 수도 있다. 어쩌면 양쪽 둘 다 가능할 것이다. 세월은 유수같이 흘러갔으니까. 또 100여 년 전에 러시아 연해주에서 중국으로 이주한 할아버지의 넷째 형제 자손들은 지금 어디에서 살고 있을까? 너무나 오래 전의 일이라 그들의 흔적조차 찾을 수가 없다.

나는 작은 봉투에 조국 땅의 흙 한 줌을 담아 넣었다. 러시아에 돌아가서 부모님의 묘에 뿌리려고.

정상으로 오르는 길

아침 식사 후 우리는 백두산을 향해 떠났다. '라다 사마라 바즈-2109' 차가 고장 났는지 바냐의 차에 시동이 걸리지 않았다. 사람들이, 러시아 영사관 리 블라지슬라브 무관까지 나서서 시동을 걸었다.

청진시 호텔에서 점심식사를 했는데, 벽에 걸린 아주 큰 그림들이 시선을 끌었다. 떠나기 전, 보츠카료프 유리 빅토로비치 총영사가 우리 대표단을 환송했다.

자동차에 기름을 넣었다. 주유원들은 모두 예쁜 아가씨였다. 우리는 먼지가 뽀얗게 피어오르는 구불구불한 비포장도로를 달렸다. 크게 불편하지는 않았지만, 앞차가 일으킨 먼지 때문에 길이 보이지 않아 추돌을 피하기 위해 차량 간격을 100미터 이상 유지하며 운전했다. 가는 도중에 촌락 사이를 걸어서 가는 주민들이 종종 눈에 띄었고, 황소가 끄는 수레를 지나쳤으며, 증기로 작동하는 괴

청진에서 식사(가운데 사진) 후 백두산 가는 길

상한 자동차도 목격했다. 이런 광경을 물끄러미 바라보는 내 마음은 슬픔으로 가득 찼다.

우리는 주변의 경관도 한껏 감상할 겸 몸과 마음에 휴식을 주기 위해 무리하지 않고 천천히 달렸고, 저녁 늦게 숙소에 도착했다.

백두산

아침식사를 일찍 마치고, 곧바로 우리는 백두산을 향해 달렸다. 그런데 구불구불한 산길을 500미터쯤 가다가 '바즈 2102' 차가 멈췄다. 가스 분배장치 벨트가 찢어졌던 것이다. 예상치 않은 휴식. 모든 참가자들은 산에 자생하는 블루베리를 따기 위해 사방으로 흩어졌다. 아름답고 맛있는 열매다. 고장이 난 차는 그대로 두고, 나머지 차들은 정상을 향해 다시 출발했다. 백두산 정상으로 가는 구불구불한 산길은 경사가 매우 가파르고 급하게 휘어져 굽이치는 것으로 유명하다. 우리 팀의 '패트리어트'는 그런 대로

백두산 정상에 올라 천지를 배경으로

잘 달렸지만, '그랜드볼'은 결국 견인해야 했다. 빨강, 노랑, 보라로 치장한 풍경이 황홀하기 그지없었다. 에델바이스는 특히 눈길을 끌었다. 길 양쪽에 활짝 핀 이름 모를 꽃들이 감탄사를 연발케 한다. 조금 더 올라가니, 신기한 형태의 화

산 분화구가 나타났다. 니콜라이 레리흐의 그림을 현실에서 보는 것 같았다. 바로 우리 눈앞에 펼쳐져 있는 백두산 정상. 분화구 가장자리로 다가간다. 말을 잃은 채 멈춰 섰다. 천상의 미가 있다면 백두산 천지가 바로 그것이라는 느낌이었다. 위로는 산이 주는 장엄함, 아래로는 파란 호수에서 전해지는 청결함. 백두산은 남북한 어디에 살든 모든 한국인에게 신성한 민족의 영산(靈山)이다. 우리 '고려사람'에게도 백두산은 신령스럽고 신성하다는 사실을 이제야 나는 정확히 알 것 같았다.

우리 오토랠리와 관련한 행사가 있었다. 북한 언론 앞에서 우리는 이곳에 온 감회와 축하의 메시지를 전했다. 그리고 각자 셀프 카메라로 자기 모습들을 담았고, 동영상을 찍었다. 그리고 노래가 이어졌다. 백두산 정상 천지에서 우리는 열을 지어 조상들의 땅에 절을 올렸다. 이곳에 다시 오고 싶은 마음을 담아 천지에 동전을 던졌다. 많은 사람들은 바위에서 떨어져 나온 돌조각들을 기념으로 가져왔다.

돌아오는 길에 우리는 김일성 주석의 빨치산 캠프를 둘러보았다. 목조 주택, 샘물터. 김정일 위원장이 태어났다는 이곳은 현재 북한의 관광 메카가 되었다는데, 그 당시는 일본군과의 전투 장소이기도 하다. 우리는 절벽 위의 거대한 돌을 보고 놀랐다. 어떻게 저런 돌을 저렇게 높은 곳에 올렸을까? 그리고 어떻게 그 돌에 비문을 새겼을까? 그 돌의 무게는 6톤 이상 된다고 한다.

우리는 가이드들, 경찰들과 함께 사진을 찍었다.

하산 후, 해안까지 먼지가 가득 피어오르는 구불구불한 먼 길을 달려가야 했다. 길 양쪽의 언덕은 모두 콩과 옥수수 밭이었고, 잘 경작된 농토는 우리를 놀라게 했다. 물이 있는 논에서 벼가 자라고 있었다.

저녁이 다 되어 해변에 도착했다.

바다

유럽이나 외국 어느 리조트 못지않은 멋진 장소였다. 파도 소리, 황금 모래, 따뜻한 햇살, 매미 울음소리…… 사람들이 기쁨에 겨워 괴성을 지르며 파도를 타고 물장난을 치며 놀았다. 대양은 소란스레 해안가를 철썩철썩 때리고 있었다. 태평양. 그런데 어찌 태평양이 고요하단 말인가.(러시아어로 태평양은 '고요한 대양'의 뜻이다.)

우리는 북한 팀과의 배구, 축구 경기를 위해 나름대로 준비를 했다. 어느 누구도 이 경기들을 심각하게 받아들이지 않았지만, 모두들 이기기 위해 몸을 격하게 움직이며 상대를 향해 '돌진'했다. 두 경기 모두 북한 팀이 이겼다. 유감스럽게도 우리 체력이 더 약할 뿐 아니라 단체로 훈련한 바가 없어 이길 수 없는 시합이었다. 북한 선수들이 '화해'와 위로의 표시로 해변에 우리를 위한 점심상을 차렸다. 해수욕장에 파라솔을 펼치고, 텐트를 치고, 휴대용 화로에 불을 붙여 해산물로 음식을 준비했다. 이야기를 나누고 노래를 부르는 사이 시간이 빠르게 지나갔다.

원산 송도원해수욕장

청소년야영소

원산의 '송도원 국제청소년 야영소'를 방문했다. 초등학교에 다닐 때 캠프장에 가는 것은 소망이고 꿈이었다. 캠프에서 여름방학을 보낸다면 얼마나 좋을까. 소련에서 가장 유명한 캠프는 '아르테크'였다. 거기에 간다는 것은 우주여행을 하는 것과 마찬가지로 아주 어려운 일이었다.

청소년야영소 소장이 친절한 미소를 지으면서 아이들이 빙 둘러 앉은 김일성 주석 동상으로 우리를 안내했다. 이곳은 아이들이 휴식하면서 새 학기를 맞을 원기를 회복하는 데 주안점을 둔다고 했다. 이곳에는 스타디움, 실내체육관, 수영장, 훈련장, 그리고 시설 좋은 식당이 있다. 우리는 기회를 잡아 스타디움 트랙을 따라 한 바퀴 돌았고, 농구도 해보고, 등반 연습을 위해 만들어 놓은 암벽 꼭대기에 오르기도 했다. 아쿠아 파크가 인상적이었고, 수족관을 유영하는 다양한 물고기들이 눈길을 끌었다.

청소년야영소 소장과 작별인사를 나누면서, 김 안드레이가 다음 여름방학 때 여기에 자기 아이들을 보냈으면 했다. 어린이 캠프 참가비용은 15일에 200유로. 그리 비싸지 않았다.

우리에게 좋은 추억을 남겨준 곳이었다.

금강산

우리는 남쪽으로 계속 달렸다. 약 200킬로미터 지나 그 유명한 금강산에 도착했다. 관광단지를 조성하기 위해 한국 기업이 땅을 임대했다고 하는데, 모든 시설이 아주 훌륭했고, 정감이 넘치도록 꾸며졌다. 자연을 하나도 훼손하지 않고 조성했다는 점은 높이 평가할 만했다. 산에서 흘러내리는 계곡물에 손도 못 씻게 했다.

구룡폭포로 올라갔다. 구룡폭포에 오르고 보니, 1964년에 우리 부모가 네 명의 어린 아이들을 데리고 이사한 카프카스 산기슭 지역 날치크 시 인근과 흡사하다는 느낌을 받았다. 우리 가족은 아버지의 건강 상태가 나빠서 이주해야 했다. 흑해와 카스피해 사이에 동서로 뻗은 카프카스 산맥 북부 지역의 기후조건은 아버지의 건강에 매우 이로운 환경이었다. 북부 카프카스에서 아버지는 국립농장과 청부공사 계약을 맺은 후 고려인 영농 작업반을 조직, 일을 시작했다. 작업반원들은 9개월 동안 숲 근처 자기 경작지 옆 토굴 안에서 살았다. 겨울에만 자기 집이 있는 도시로 가서 살다가, 봄이 되면 다시 밭으로 갔다. 수확이 좋으리라는 보장도 없었지만, 새벽부터 밤늦게까지 일을 했다. 그들은 힘든 노동으로 아이들을 키우고 고등교육을 시켰다. 비록 우리 부모님은 고등교육을 받지는 못했지만, 그들에게는 자연에서 얻은 지혜와 동정심, 인자함이 넘쳤고, 열린 마음으로 사람들을 성심껏 대했다. 그들의 삶은 자기희생으로 점철되었다.

대부분의 오토랠리 참가자들은 상팔담이 있는 계곡에 올라가지 않기로 결정

금강산 비룡폭포 앞에서

했다. 상팔담은 '나무꾼과 선녀'의 전설이 깃든 곳으로 8개의 소(沼)에서 8명의 선녀가 목욕했다는 곳이다. 매우 가파른 등산길로 올라가야 한다고 안내인이 말했다. 우리 일행 중 혈기 넘치는 몇이서 주저하지 않고 나섰다. 나도 그들을 따라가기로 결정했는데, 내게 우리 운전기사인 림 선생을 동반자로 붙여주었다. 그 사람의 도움으로 모든 장애를 극복하며 너무도 아름다운 풍경을 보게 되었던 것이다. 물은 바위 사이로 굽이굽이 빠르게 질주하여 다시 밑에 있는 소로 들어가고, 거기서 다시 빠르게 흘러 또 다른 소로 흘러들고, 그 다음 거기서 폭포를 이루며 아래로 쏟아져 내린다. 참으로 신비했다.

부모님이 그들의 고향에도 가보지 못하고, 이처럼 아름다운 경치를 보지 못한 채 돌아가신 게 매우 안타까울 따름이었다. 하산을 하니, 바닷가에는 해산물로 준비한 맛있는 점심이 기다리고 있었다. 동해바다에서 즐거운 마음으로 수영까지 했다.

해금강

호텔 직원과 함께-원산

북한 청소년들과 함께-원산

평양

원산을 향해 출발했다. '패트리어트'가 고장이 났다. 금강산 가는 길에 들렀던 원산 호텔에서 점심식사를 하는 동안, 우리 팀과 동행한 북한의 자동차 전문가들이 고장난 차를 수리했다. 북한에서는 이미 오래 전부터 러시아 자동차 우아즈(UAZ)를 잘 알고 있었고, 그래서 이번 오토랠리에 참가할 자동차로 승합차 '페트리어트'(UAZ)를 정했던 것인데, 그 효과를 톡톡히 보게 된 셈이다.

원산항에는 중국 여객선이 정박해 있었는데, 백설처럼 하얗게 도색한 여객선과 쪽빛 바다가 묘한 앙상블을 이루어 눈을 뗄 수 없었다. 호텔 직원들이 즉흥적으로 콘서트를 열어 차 수리가 끝나기만을 기다리는 우리를 즐겁게 했다.

원산에서 평양까지는 한나절 정도 걸렸다. 북한 북부 지역과는 달리 평양행 도로는 콘크리트로 포장되어 있었다. 창밖 풍경도 바뀌었다. 도로 주변 산들은

소나무 숲으로 뒤덮여 있었다. 산 아래로 이어진 3킬로미터에 달하는 터널이 있었다. 우리 오토랠리 팀은 달리던 차를 일부러 한 차례 멈추었다. 세차를 하고, 차량에 부착된 게양대에 깃발들을 꽂았다. 그리고 우리는 노랑, 하양, 초록의 티셔츠로 갈아입었다.

저녁에 평양에 도착했다. 모두들 마침내 북한 수도로 들어간다는 설렘 속에서 기대를 하고 있었는데, 평양에는 우리 기대를 훨씬 넘어서는 일들이 벌어지고 있었다. 도시 입구의 기념탑 앞에서 초등학교 학생들과 청소년들, 아가씨들과 젊은이들이 '조국, 통일'을 외치면서 우리를 환영하고 있었던 것이다.

도시는 깨끗했다. 넓은 거리와 현대식으로 지은 고층 빌딩들, 거대한 개선문, 그리고 열렬한 환영은 우리에게 좋은 인상을 남겼다. 우리는 김일성과 김정일 동상이 세워진 중앙광장으로 향했다. 여기에서 우리는 찌모닌 대사, 미리 도착한

오토랠리 팀을 환영한 호텔 직원들과 함께

환영 만찬-평양 고려호텔

찌모닌 주 북한 러시아대사(왼쪽에서 여섯 번째)와 함께

평양 중앙광장에서

우리 대표단의 조 바실리, 김 브.느., 김 느. 쁘., 석 스.아 등과 담소를 나누었다.

우리는 영웅들을 기리는 기념관도 방문했다. 이곳에서는 도시의 멋진 전경을 볼 수 있었다. 세계에서 가장 큰 개선문을 지나갔다. 북한 당국은 우리 오토랠리 참가자들을 고려호텔 만찬에 초대했는데, 명예손님으로 북한 주재 알렉산드르 찌모닌 러시아 대사도 참석했다. 해외동포사업국 부국장이 축사를 했다. 그는 우리 오토랠리가 갖는 중요한 의미와 또 이를 기획한 것에 감사의 말을 전하며, 한반도의 통일을 국민이 원한다고 했다. 펠릭스 김이 리셉션을 준비한 모든 사람들에게 감사의 뜻을 전했다. 뒤이어 내가 연설했는데, 직접 내 눈으로 본 북한의 자연이 아름답고 장엄하여 감탄을 금할 수 없다는 말과 함께, 우리 오토랠리가 북한에서 남한으로 여행할 수 있는 전통을 여는 출발점이 되고, 나아가 이를 계기로 반대 방향으로도 여행하는 사람들이 많아지기를 희망한다고 말했다.

우리는 평양의 최고 호텔로 알려진 고려호텔에서 머물게 됐는데, 손님을 잘 접

북한 최고인민회의 환영장

북한 최고인민회의 양형섭 부위원장과 찌모닌 주 북한 러시아 대사(오른쪽)

양형섭 부위원장과 함께(왼쪽이 필자)

오토랠리 팀과 기념사진

러시아 상품 유통 등에 관한 계약을 체결하고

찌모닌 대사와 함께

김일성 주석 생가 앞에서

대하는 한민족의 전통적 관습과 미덕으로 우리를 맞이한 것 같았고, 이 점에 대해 우리 팀 모두 고맙게 여겼다.

우리 일행은 '무역의 집' 설립 조건을 협의하기 위해 북한 관계자들과 공식 미팅을 가졌다. 러시아연방과 북한 정부가 합의한 틀에서 북한에 러시아 상품을 납품하고 유통망을 갖추기 위한 기관을 설립하는 문제 등의 제반 사항에 대해 새벽 2시까지 항목별로 협의했다. 그리고 마침내 합의한 대로 의정서에 서명했다.

다음 날, 8월 15일은 독립절로, 북한의 명절이다. 우리 대표단은 북한의 해방을 위해 전사한 소련 군인의 위령탑이 있는 모란봉공원을 방문했다. 북한 주재 러시아연방 찌모닌 대사가 위령탑에 헌화했다. 소련 군인의 묘지들이 동유럽에는 여러 곳에 있지만, 한반도 안에도 있다는 것을 우리는 처음 알았다. 묘지는 잘 가꾸어져 있었다. 여기에는 1945년 5월 일본과의 전투에서 전사한 수백 명의 소련 군인들이 잠들어 있었다. 널리 알려진 대로, 이해 8월 9일부터 8월 20일까지 소련군은 만주와 한반도에 주둔한 140만 명의 관동군을 포위하고 격멸했는데, 이때 60만 명의 일본군 병사와 150명의 장군이 소련 육군에 항복했다.

김일성 주석의 가족이 살았던 평양 부근 작은 마을도 방문했다. 직접 박을 말려 만든 표주박에다 시골 우물에서 퍼 올린 물을 담아 마셨는데, 어린 시절에 본 것과 너무도 똑 같은 게 아닌가. 우리 집에서도 이런 국자를 사용했다. '바가지'라고 불렀었다.

이어서 북한 최고인민회의 상임위원회 양형섭 부위원장과 면담했다. 그는 연설에서, 북한과 러시아 간의 역사적 우호 관계의 중요성을 강조했다.

학생들과 함께-평양

점심식사는 20년 전통의 '옥류관'에서 대접받았는데, 과일을 담는 접시와 비슷하게 생긴, 긴 다리가 달린 그릇에 요리를 내왔다. 전분으로 만든 아주 맛

평양 학생소년궁전 학생들의 공연

있는 국수가 나왔다. 우리 일행 중 몇몇은 탁자에 쌓인 금빛 그릇들 속의 음식은 남기면서도 국수는 자기 몫을 다 먹고도 더 먹었다. 확신컨대, 늘 사람들이 북적대는 모스크바의 맥도날드보다 이곳에 더 많은 손님들이 있었던 것 같다.

'평양 학생소년 궁전'을 방문했다. 어린이의 재능을 계발할 수 있는 유일한 센터인데, 건물이 엄청 크고, 클럽들과 섹션들, 음악 합창단, 댄스 앙상블 등등 다양한 시설들이 잘 갖춰져 있었다. '평양 학생소년 궁전'에서 열린 학생들의 콘서트는 선명한 인상을 남겼다. 이런 불꽃같은 무도회를 본 것은 오래 전이었다. 그날 소년궁전을 찾아온 관광객 대열은 대단했었고, 적어도 3개국이 넘는 나라에서 온 듯싶었다. 스웨덴과 이탈리아에서 온 사람들, 그리고 한 무리는 아마도 프랑스에서 온 듯 보였다.

우리는 모스크바 주(州) 고려인문화자치회가 준비한 'UAZ-페트리오트' 3대, 그리고 우즈베키스탄 고려인협회가 마련한 어린이 축구 티셔츠 1천 장을 선물로 전달했다. 이 행사에서 선물 전달증서를 전하는 임무는 나와 곽 바실리가 맡았고, 엄숙한 분위기 속에서 '해외동포위원회' 대표가 우리에게 김일성과 김정일의 명예기장을 주었다.

8월 15일 광복절은 남북한의 명절이다. 우리 오토랠리의 일정은 북한에서 점심식사를 하고 38선을 통과, 그날 오후 한국에 입국하는 것으로 계획했었다. 그것이 우리 오토랠리의 취지에 부합되는 것인지라, 꼭 그래야만 했다. 그런데, 모스크바에서 출발하기 3일 전에 받은 38선 통과 허락 조건은 8월 15일이 아니라 8월 16일 38선을 지나가야 한다는 것이었다. 이것이 바로 정치라는 것이니, 일정을 조정할 수밖에 없었다.

우리 오토랠리는 민간 외교다. 오토랠리를 이끄는 사람으로서 내 근본적인 입장은 정치적인 대립에는 관여하지 않고, 정치적 문제 밖에서 활동한다는 것이다.

제5장

38선

판문점

우리 자동차 대장정에서 가장 의미 있는 날이 다가왔다.

고려호텔 직원들은 우리의 행렬을 성대히 환송했다. 우리는 개성 방향으로 출발했다. 우리에게 자동차는 5대밖에 남지 않았다. 그래서 북한 당국은 우리에게 관광버스를 제공, 국경까지 이동하게 했다. 그리고 DMZ에서 38선의 실제 통과 라인을 기준으로 건물의 위치도를 우리에게 보여줬다. 우리 일행은 휴전협정에 서명한 건물을 방문했다. 폭 4km, 길이 241km로 이어져 있는 비무장지대는 우리에게 고통스러운 인상을 안겨 주었다. 주지하는 바와 같이, 이 비무장지대는 서해에서 동해까지 수많은 지뢰가 묻혀 있고 군 진지들이 서로 맞서 있는 군사분계선을 따라 한반도를 남북으로 나누고 있다. 그래서 남북 분단의 상징이자

판문점(북측)에서

12첩 반상의 수라상으로 차려진 점심 식사

동족상잔의 비극적 역사 현장에 서 있는 우리의 심정은 고통스러울 수밖에 없었던 것이다.

작별에 앞서, 우리에게 놋그릇에 12가지 요리를 담은 유명한 수라상을 차려주었는데, 이 지방 특산인 인삼과 견과류를 섞은 밥이 특이했다. 이 지역은 한국전쟁 당시에도 인삼 재배지역이라 공습을 당하지 않았다고 한다.

점심식사 후 세관에 갔다. 모든 일은 언젠가 끝이 있기 마련이다. 북한과 작별할 시간이 됐다. 긴 이별, 또다시 만나자는 약속. 우리와 동행했던 사람들은 이미 다정한 친구가 됐다. 우리는 다함께 기념사진을 찍고, 감사의 인사를 전했다. 서로 포옹하며 눈물까지 흘렸다. "차에 타세요!" 내 지시에 따라 사람들은 마지못해 버스에 탑승했다. 차들은 천천히 달렸다. 우리는 국경에 정확히 오후 3시 30분에 도착해야 했다.

저기가 국경이다. 비로소 긴장이 한꺼번에 풀렸다. 내 어깨에 올려 있던 무거운 돌을 내려놓는 것만 같았다. 마침내 우리 오토랠리는 계획대로 진행된 것 아닌가. 남북한을 종단한다는 계획도, 평화와 통일을 위한 밑거름이 되리라는 우리의 목적도 모두 다 이룬 것 아닌가!

나는 부모님 사진을 내가 타고 가는 자동차 보드에 걸어 놓았다. 한복차림의 아버지는 행복에 겨운 미소를 얼굴에 머금은 채 춤을 추고 있고, 어머니는 수줍게 미소 지으며 그 곁에 서 있다. 그들은 우리와 함께 국경을 지나가고 있었다.

오토랠리 팀을 환송하는 판문점(북측) 관계자들

DMZ를 지나 한국으로

DMZ의 4킬로미터 구간을. 자동차로 이곳을 통과하는 우리에게는 비록 몇 분에 지나지 않은 짧은 시간이지만 그 순간만은 남북통일이 이루어진 셈이다. 전 세계에 38선이라고 알려져 있는 국경을 지나가면서, 나는 왜 그것이 남북 모두를 긴장 속으로 몰아넣고 있는지, 어떻게 그런 일들이 일어날 수 있는지 이해하려고 노력했다. 같은 민족이고 같은 말을 쓰는데, 어떻게 70년 가까이 남북으로 나뉘어 있단 말인가. 정치라는 것이, 이념이라는 것이 핏줄에 앞설 수 있는 것인가. 그리고 남북통일이 이루어지는 날은 올 것이며, 그날은 언제란 말인가. 온갖

상념이 교차하는 가운데 군사분계선을 지났다.

우리 오토랠리 참가자들이 지르는 기쁨의 비명 소리가 터졌다. 국경 반대편 저쪽에 '험머' 차가 서 있었고, 그 옆에서 미국 군인이 우리 자동차 행렬을 비디오카메라에 담고 있었다. 그 미군에게도 이 사건은 뜻밖이었던 것 같다.

일렬로 설치되어 있는 장애물과 철조망, 군인들은 모두 한국 사람들이다. 다 됐다. 마지막 국경을 지났다.

제6장

한국

가슴 벅찬 서울에의 입성

우리는 신속하고 질서 있게 세관을 통과했다. 도라산 남북출입사무소에는 '고려인 이주 150주년 기념사업 추진위원회' 대표자들을 비롯하여, 자원 봉사자, 기자 등 많은 분들이 우리를 기다리고 있었다. MBC방송 촬영팀의 미스터 박과 미스터 서, 미세스 안 등 낯익은 얼굴들도 눈에 띄어 반가웠다. 내 형인 에두아르드도 자기 아들 안드레이를 맞이하러 나왔다.

"우리가 이 일을 해냈어!"

얼마나 기다렸던 일인가. 나도 모르게 주먹을 불끈 쥐었다.

간단한 환영행사와 콘서트가 열렸다. 한국 국회의원들의 축사와 추진위원회 공동대표 이인제 의원, 이해찬 의원의 축사가 이어졌다. 행사에 참석한 분들의 정감 어린 환영의 말들, 온화하게 미소 짓는 브누코프 주한 러시아대사. 감격에 겨워 벅차오르는 가슴을 가누기 어려웠다. 러시아고려인을 대표하여 조 바실리가 답사를 했다. 그는 1만 4천 5백 킬로미터의 대장정을 성공적으로 이끈 오토랠리 팀, 수많은 역경을 극복하고 마침내 한국에 도착한 참가자들의 집념과 노고를 치하했다.

우리 행렬은 대한민국의 수도 서울로 향했다. 서울이 가까워지면서 도로는 차

오토랠리 팀을 기다리는 '고려인 이주 150주년 기념사업추진위회' 관계자들-도라산 남북출국입사무소

입국 수속을 마치고 '유라시아 자동차 대장정'의 의의를 밝히는 필자

오토랠리 팀 환영 행사. 환영사를 하는 이해찬 의원(위 왼쪽 사진)과 이인제 의원(위 오른쪽 사진)

량으로 가득 찼다. 거대한 메가 폴리스의 리듬과 역동적인 맥박 소리가 들리는 듯했다.

서울에서 정의화 국회의장이 우리 일행을 맞아주었다. 그는 체구가 크고, 교양 있는 신사의 품격을 지닌 분이었다. 그는 연설에서 러시아와 남북한, 한국과 북한 간의 경제협력이 그 어느 때보다 중요하다고 강조했다. 옳은 지적이고, 우리 오토랠리 팀의 생각도 마찬가지다. 하산에서 부산까지, 러시아 시베리아횡단철도를 한반도 종단철도와 연결할 경우 러시아와 남북한 3국의 경제협력을 위한 좋은 기회를 줄 것이다. 이 행사에는 한국의 '고려인 이주 150주년 기념사업 추진위원회' 공동대표들도 참석했다.

저녁식사 후 서울 중심에 위치한 코리아나 호텔에 우리의 숙소를 정해주었다. 제주도 여행을 왔던 내 친척들은 서울에서 만났다. 그토록 멀고 험한 길을 지나온 자동차 옆에 부모님의 사진을 붙이고 친척들과 함께 기념사진을 찍었다.

이른 아침부터 이슬비가 내린다. 장마철이 시작된 것일까? 어쩌면 하늘도 우리와 함께 비극적으로 희생된 '세월호' 승객들을 애도하는 것일지도 모른다.

우리는 '세월호' 희생자들을 추모하는 안산의 분향소를 방문했다. 우리는 상상조차 할 수 없는 이 엄청난 참사에 희생되어 꽃다운 나이에 세상을 떠난 학생들의 영정 앞에서 묵념, 명복을 빌었다. 그리고 그들의 부모와 친척들에게 심심

한국에서 마중을 나온 필자 가족과 함께(뒷줄 오른쪽부터 필자, 필자의 형 김 에두아르드)

한 위로의 마음을 전했다.

안산시 김진홍 부시장이 오찬에 초대했다. 알고 본즉, 소련 붕괴 후 많은 고려인들이 한국으로 건너와 안산에서 살고 있었다. 우리는 러시아 사회단체를 이끄는 활동가들과 만나 한국에 거주하는 고려인들의 생활과 당면 문제들에 대해 이런저런 이야기를 나누었다. 그들은 우리 오토랠리에 적극 동감을 표했는데, 자랑스럽게 여기고 있는 것 같았다.

저녁에는 정홍원 국무총리의 초청 만찬에 참석했다. 정 국무총리는 축사에서, 우리의 오토랠리 대장정은 한반도의 평화와 통일을 위해 바람직한 일이며, 매우 의미 있는 행사라고 밝히고, 참가자들 모두에게 감사를 표하였다. 조 바실리가 답사를 했고, 나는 러시아가 통일의 과정에서 남북한의 주요 동맹국으로서의 역할을 할 수 있을 것이고, 아울러 러시아는 가스, 전기, 철도 운송 등의 분야에서 북한뿐 아니라 남한과도 경제적 우호관계에 대단한 관심을 가지고 있다는 점을 강조했다. 기념사진을 찍고, 기념품도 교환했다. 재외동포재단 조규형 이사장, 주러 한국대사관 정태익 전(前)대사도 만찬에 참석했다.

다음 날, 또다시 이슬비가 내리고 있었지만, 우리는 '역사박물관'을 관람했다. 김왕식 관장이 초현대식 박물관 전시실들을 소개했는데, 역사 사진과 동영상의 조합이 매우 흥미롭고 돋보였다. 현대 과학문명의 창의적 활용이 이루어낸 결실이다.

자동차 산업의 역사를 다룬 부분은 격세지감을 느끼게 했다. '현대'와 '기아' 자동차 초기 모델을 보니 볼품없고 우습기조차 했다.

서울시청에서 기자회견이 있었다. 조 바실리, 김 애두아르드, 필자 등 오토랠리 팀과 150주년 기념사업 추진위원회 윤상원 집행위원장이 참석하였다. 기자회견은 대장정에 관한 것들이 대부분이었고, 참가자들은 남북통일에 대한 자신의 입장을 표명하였다. 통일을 지향하는 서로 다른 의견들, 또 한반도 통일을 바라보는 여러 나라들의 서로 다른 시각과 입장이 대화 속에서 오갔다.

정의화 국회의장 초청 만찬

정의화 국회의장(앞줄 왼쪽에서 여섯 번째), 브누코프 주한 러시아 대사(앞줄 오른쪽에서 네 번째)와 함께

서울시 초청 오찬에서 박원순 서울시장의 환영사가 있었다. 박 시장은 다음에 이러한 이벤트가 있다면 자기도 참가할 수 있는지 물었는데, 알고 보니 박 시장

은 열렬한 자동차 애호가였고, 자동차에 대한 해박한 지식을 가지고 있었다. 나는 이와 유사한 오토랠리를 실현시키기 위해 모든 노력을 다 하겠다고 약속했다. 박 시장은 내년에 맞게 될 한국 광복 70주년 기념일을 어떻게 하면 뜻있게 할 수 있는지 고민해달라고 나와 조 바실리에게 당부했다.

나는 박 서울시장에게 러시아 장인들이 만든 '그젤'(러시아의 대표적인 기념품. 하얀 바탕에 파란색 무늬나 그림을 넣어 점토로 빚어 구운 자기)을 기념품으로 선물했고, 김 에두아르드는 이해찬 의원에게 한국에서 발간한 그의 막내아들 김 알렉세이의 체스 책 『국제 그랜드마스터 김 알렉세이로부터 배우는 체스』를 선물로 전달했다. 러시아 국적의 김 알렉세이는 체스 부문에서는 대한민국 '국민'으로, 체스 국제대회에 한국 국가대표로 참가한다.

점심식사 후, 우리는 국립 현충원을 방문, 헌화한 다음 방명록에 감사의 글을 남겼다. 일제강점기에 국내외에서 일제와 맞서 싸우며 독립운동을 벌이다가 순국한 애국지사 묘를 참배, 선열들의 애국충정에 머리 숙여 경의를 표했다.

저녁에는 모처럼 자유 시간이 있어 숙소 부근을 산책하며 서울의 야경을 즐겼다. 물결처럼 일렁대는 불빛 바다, 삼삼오오 무리를 지은 젊은이들, 넘치는 에너지…

8월 19일 아침, 우리 팀은 한국의 자동차대장정 참가자들과 함께 자동차를 타

재외동포재단 주최 환영행사에서 축사하는 정흥원 국무총리

주러 정태익 전대사에게 기념품 전달

정흥원 국무총리(앞줄 중앙)와 함께

고 안중근 의사 동상이 있는 남산으로 향했다. 우리는 모두들 파란색 또는 흰색 셔츠를 입고 있었고, 그래서 우리들 백여 명이 무리를 이루어 자동차를 타고 남산공원을 향해 달리는 모습은 장관이었다.

안중근 의사 기념관 앞에서 김숙연 박물관 설립자, 고려인 이주 150주년 기념사업 추진위원회 이인제 공동상임대표, 재러 한국대사관 정태익 전대사, 한국자동차협회 성백진 회장 등이 연단에 나서 연설했고, 기념사진 촬영이 끝난 후에는 서로서로 친분을 나누는 시간을 가졌다. 그 중에서도 휠체어를 타고 세계를 일주하는 여행자가 특히 눈에 띄었다.

오토랠리의 결승 지점, 부산

우리 일행은 바다가 있는 항구도시 부산으로 출발했다. 서울에서 부산까지는 한국 자동차 동호인들과 동행하게 되어 30대의 자동차가 긴 행렬을 이루었다. 잘 포장된 고속도로, 휴게소에서의 멋진 차량 서비스, 아름다운 산과 들, 이 모든 것이 우리의 사기를 한껏 북돋아 주었다.

부산으로 내려가는 도중에 천안의 '독립기념관'에 들렀다. 이곳에서 우리는 러시아 고려인의 이주역사를 말해 주는 전시품을 보고 반가웠다. 이 전시회는 특별히 '고려인 이주 150주년'을 기념하여 열린 것이라 한다.

우리 일행은 저녁 늦게 안개에 잠긴 부산에 도착했다. 부산은 우리 오토랠리의 종점, 결승지점이다. 언덕 위의 마천루 같은 고층건물들은 그림처럼 아름다웠고, 저런 언덕에 어떻게 저렇게 높은 건물을 건축할 수 있었는지 놀라웠다. 10년 전에 와본 적이 있는 부산이 아니었다. 그 동안 부산은 알아볼 수 없을 만큼 변했고, 더욱더 아름다워졌다.

서병수 부산시장이 우리를 위하여 만찬을 베풀었다. 주최 측의 축사와 우리 일행의 답사가 음악이 연주되는 순서에 맞추어 번갈아 이어졌다. 배려심이 많고 유머 감각이 뛰어난 부산 시장은 만찬 분위기를 즐겁게 띄웠다. 나는 모스크바에서 준비해온 기념품을 서 시장에게 전달하고, 도시의 역동적인 변화에 대한 우리의 소감을 전했다.

들뜬 기분에 우리는 잠을 이루지 못했다. 박 루슬란이 비록 늦은 시간이지만

기자회견-서울시청

우리를 괴상한 바다 요리를 맛볼 수 있는 해산물 레스토랑에 안내해주었다. 살아 있는 낙지의 촉수를 씹으려 할 때 입에 쩍쩍 달라붙는 특이한 촉감을 맛보았다.

다음 날 아침, 우리는 해수욕장으로 나가 바다를 배경으로 사진을 찍었다. 거의 20년 전쯤인 1996년 우리 부모님이 이 해수욕장에 왔었다고 한다. 소련에서 태어나 폐쇄된 국가에서 일평생 살았고, 고령이 되어서야 그들은 처음으로 한국 땅을 밟았다. 그때 그들도 서울에서 출발하여 부산에 내려갔는데, 부산에 도착한 아버지가 해수욕장에서 일행을 인솔한 김철호 교장과 한국 소주를 마시며 이렇게 말했다고 한다.

"됐다! 이제 난 죽어도 원이 없어. 내 조상님들의 땅을 밟았으니!"

모국 방문을 마친 뒤 어머니께서 우리에게 전해준 아버지의 이 한 마디는 가슴 깊이 새겨져 있었는데, 놀랍게도 18년이 지난 오늘 나는 그 바닷가 그 자리에 서 있는 것이다. 형언할 수 없는 감격이 몰려들었다. 우리 오토랠리 팀의 1만5천 킬로미터 대장정의 종점 부산에 도착해서, 그리고 아버지가 소주잔을 기울이던

이해찬 의원(왼쪽 사진)과 박원순 시장에게 기념품 전달

그 해수욕장에서 나는 눈시울이 뜨거워졌다.

"오랫동안 간직했던 꿈을 실현했다. 한반도 전체를 종단했다. 이제 나는 차분해진다. 그럼 다음은?"

명소 관광

오토랠리 대장정의 공식 일정을 모두 마친 우리는 귀국에 앞서 경주와 포항, 청송, 안동 등 경상북도의 명소들을 관광하기로 했다. 먼저 경주에 갔는데, 여기서 우리는 신라시대 고찰의 특이한 건축양식의 건물을 둘러보고, 부근에서 기념품을 구입했다. 다음 행선지는 포항. 이곳에서 우리는 한국을 세계적인 철강 수출국 대열에 오르게 한 포스코(POSKO)를 견학하고, 포항 시장과 면담했다.

저녁식사를 마치고, 대구로 이동했다. 우리는 그곳에서 한나절 가량 쉬기로 결정했다. 다음날, 사과 특산지이며 볼거리가 많은 청송에 도착했다. 청송군에서는 이곳 방문객을 위해 관광안내센터를 신축했는데, 우리 오토랠리 팀이 이 관광안내센터의 오픈을 맡게 되어 있었다. 저녁에는 한동수 군수가 우리를 만찬에 초청했는데, 테이블마다 도자기에 담긴 사과주가 놓여 있었다. 청

서울시 환영식을 마치고

천주교 서울대교구 염수정 추기경과 함께

송에서는 40도 되는 독한 술과 25도의 약한 술 두 종류의 사과주를 제조 판매한다고 한다. 사과는 청송의 특산물이자 상징물로서, 사과 로고는 청송에서 가는 곳 어디서나 볼 수 있다. 청송에서 주는 기증품, 봉투에도 사과 로고가 새겨져 있다.

만찬 후 공연에서는 민속공연단 배우들이 유명한 연극의 한 대목을 뽑아 공연했는데, 특히 민속악기 연주는 우리들에게 한국의 전통음악 문화의 본질이 무엇인지 잘 느끼게 해주었다. 참 대단했다. 아름다운 공연, 아름다운 한복차림의 예쁜 연주자들, 아름다운 목소리, 아름다운 노래, 그리고 어린이들의 깜찍한 공연 등등, 참으로 아름답고 황홀한 공연이었다. 우리는 모두 박수를 아끼지 않았다.

청송을 뒤로 하고, 우리는 항일의병과 탈로 유명한 안동 하회마을로 떠났다. 날씨도 화창했다. 먼저 안동의 의병기념관을 찾았는데, 입구의 한반도 지도 위에는 의병들이 일본에 맞서 격렬한 투쟁을 벌였던 32개 지역에 깃발을 꽂아 표시했다. 전시실에는 이 지역 출신 의병장 류시연(柳時淵)과 의병들의 투쟁에 관한 기록을 비롯하여 갖가지 유품들이 전시되어 있었는데, 의병들이 사용한 곡괭이와 삽, 조금만 비에 젖어도 쓸 수 없는 구식 총들이 주목을 끌었다. 당시 의병들은 맨손이나 다름없는 열악한 무기인데도 근대적 무기로 무장한 일본군과

더불어민주당 문재인 의원과 함께 (왼쪽에서 세 번째 조 바실리회장, 문재인 의원, 김 바체슬라브, 한 사람 건너 김 에두아르드)

안중근 의사 동상 앞에서-서울 남산

대장정을 마치고 출국 전 동해항에서

사인하는 한국자동차협회 회장 성백진

휠체어로 세계일주에 나선 어느 장애인 여행자

국립 현충원 참배

오토랠리의 종착지 부산에서

서병수 부산시장(오른쪽)에게 기념품 전달

한동수 청송군수 초청 연회에서 민속공연단원들과 함께

안동 의병기념관 앞에서

필자 부모의 한국 방문(1996년)

천안 독립기념관의 '고려인 이주 150주년' 기념전시실에서

동해 아트 갤러리의 이원자 화백 작품 앞에서

기념품 전달(왼쪽 사진), 동해시민 주최 환영 연회

맞서 싸우고 격퇴할 수 있었다니, 의병들의 불굴의 정신에 경의를 표하지 않을 수 없었다. 그러나 관람객들이 오지 않아 아쉽다는 나이든 박물관 직원의 탄식은 우리의 마음을 어둡게 했다.

안동 하회마을은 '유네스코 문화유산'으로 지정되어 보호되는 역사적 장소로, 600년 이상 전통적 모습을 지켜오는 오래된 마을이다. 우리는 좁은 거리를 걸어 다니면서 마을의 이모저모와 집들을 돌아봤다. 골동품 같은 식기와 가구, 추녀의 선이 아름다운 기와집과 초가집들. 문득 500년 전 태어났다면 이런 마을에서 살았을 수도 있었을 것이라는 상상을 해보았다.

안동 일정을 마치고, 우리는 동해항으로 떠났다. 우리 오토랠리 팀은 이 항구에서 카 페리를 이용하여 귀국하게 되는데, 동해항으로 가는 도중에 아트 갤러리에 들렀다. 이 갤러리에는 그래픽 스타일에 물감으로 그린 큰 그림이 전시되어 있었다. 길이 46미터, 높이 6미터나 되는 대작인데, 이원자 화가가 6개월에 걸친 작업 끝에 이 작품을 완성했다고 한다.

동해항 도착으로 우리 오토랠리의 공식 일정은 모두 끝났다. 우리는 아무 부담 없이 각각 자유 시간을 가졌다. 일부는 해수욕장에 가고, 어떤 사람들은 동해시를 산책하며 여유로운 시간을 즐겼다.

저녁에, 우리 오토랠리 참가자들을 위한 한국에서의 마지막 연회가 진행됐다. 강원도 부지사, 동해 부시장을 비롯해 많은 분들이 연회에 참석했는데, 여기서 뜻밖에도 2005년 '모스크바-바이칼-서울' 오토랠리에 참가했던 미스터 김을 만나게 되었다. 우리는 반갑게 담소를 나누고, 기념사진을 찍었다. 연회 끝자락에 콘서트가 열렸는데, 우리 측에서는 태 베로니카가 한국 춤을 추었다.

한국 땅에서의 마지막 날, 우리는 블라디보스토크로 가는 페리에 자동차들을 싣는 기술적 문제, 참가자들의 출국 수속 등 여러 문제들을 해결했다.

동해항에서 점심식사를 하고, 페리 '이스턴 드림'에 승선했다. 이제 마침내 모든 일정이 끝났다는 성취감, 피로감, 그리고 아쉬움이 뒤섞였다.

우리는 페리 안에 각자 자리를 잡은 다음, 상부 갑판에 올라갔다. 페리 선장은 계류 밧줄을 풀고 출발 신호를 보냈다. 페리가 동해항 만에서 서서히 움직이기 시작하는데, 갑자기 해안에서 "오토랠리!"라고 우리를 부르는 소리가 들려왔다. 우리 팀을 전송하러 나온, 부두에 서 있는 친구들이었다. 우리도 그들에게 손을 흔들며 큰 소리로 답했다. 천천히 아지랑이 속에서 우리를 전송하는 친구들의 모습이 사라져갔다.

마침내 오토랠리 대장정은 끝났다. 우리 앞에는 9,500킬로미터의 돌아가는 길이 남아 있었다. 가장 강인한 사람들이 그 길을 달릴 것이다.

제7장

에필로그

대장정을 끝내며

한국 MBC방송은 우리 오토랠리 대장정을 〈카레이스키 150년 만의 귀향〉이라는 제목의 3부작으로 제작하여 방영한 바 있다. 이 다큐멘터리는 전반적으로 볼 때 우리 오토랠리 대장정의 취지와 목적, 그리고 여정 등을 제대로 담아낸 수작이라 할 수 있다. 이를 제작하여 방영한 MBC방송과 제작진의 노고에 감사의 마음을 전한다.

그러나 이 다큐멘터리 3부작은 몇 가지 부정확한 점들이 눈에 띈다는 점에서 아쉽고, 따라서 이를 지적하고 바로잡지 않을 수 없다.

먼저, 이 다큐멘터리에서 제작진은 MBC 촬영팀이 북한 국경을 통과할 수 없다는 통보를 블라디보스토크에서 받았다고 밝히고 있는데, 앞에서도 지적한 바와 같이, 이 사실은 우리 오토랠리 팀이 모스크바에서 출발하기 3일 전에 알려져 모두들 인지하고 있던 일이다. 역사에 남을 이 오토랠리 행사에 대한 다큐멘터리에서는 아무리 사소한 것이라 해도 사실을 왜곡하면 안 된다고 믿기 때문에 바로잡는다.

다음으로, 〈카레이스키 150년 만의 귀향〉 다큐멘터리는 북한에서 김 안드레이가 찍은 비디오 자료들이 사용되고 있는데, 그 출처를 밝히지 않은 점은 온당한 처사라고 할 수 없다. 또한 다큐멘터리의 자막처리 부분에서 몇몇 군데 잘못 된 부분이 있다. 우리 오토랠리 팀이 북한으로 들어간 날짜에 대한 오류는 그 한 예이다. 비록 사소한 오류지만, 바로잡아지기를 기대한다.

MBC방송에서 제작 방영한 〈카레이스키 150년 만의 귀향〉 3부작은 한국의 많은 시청자들에게 (구)소련 공간, 그리고 현재 CIS에서의 고려인들의 생활을 객관적으로 묘사하고 있으며, 우리 오토랠리 참가자들의 생각과 감정, 참가 동기들을 잘 보여주고 있다. 따라서 이 다큐멘터리는 고려인들 또한 한민족의 일원임을 새삼 확인시켜 주고 있다는 점에서 높이 평가받아 마땅하다고 하겠다. '러시아고려인 이주 150주년' 기념의 해인 2014년을 맞아 제작 방영되었다는 것 또한 우리 고려인들에게는 매우 뜻 깊은 일이 아닐 수 없다.

끝으로, 곽 바실리가 〈러시아-코리아 2014 국제오토랠리〉의 홍보에 노력을 아끼지 않았다는 것을 밝히고 싶다. 그는 우리의 오토랠리 대장정에 대한 책과 다큐멘터리를 제작, 역사의 기록으로 남겼다. 이 자리를 빌려 감사의 마음 전한다.

러시아 고려인들, 150년

19세기 60년대 초, 베이징 조약(1860년) 체결 후 연해주가 러시아제국의 일부로 편입된다. 그 결과 러시아와 조선 사이에 국경이 새로 생기게 된다. 1864년 9월 동부 시베리아 전열부대 검열관 표도르 올덴부르그 대령이 랴자노프 육군중위의 보고를 기초로 하여 상부에 올리는 보고서를 작성한다. 그는 연해주 총독 표트르 카자케비치 해군대장에게 조선인들이 러시아 영토에 출현한 사실을 다음과 같이 보고하였다.

"올해 1월 조선에서 연해주로 14가구의 남녀 65명이 이주했는데, 이들은 모두 노브고로드스코에 초소에서 15베르스타 되는 곳에 집을 짓고, 야채를 재배하는 밭을 일구고 있으며, 무척 부지런하여 우리에게 도움을 주는 농부들이 될 수 있다고 이 중대 지휘관이 보고했다."

이것이 바로 남우수리스크주 치신헤 조선인 마을에 대한 첫 공식 언급이다. 당시 현지 인구는 최초의 조선 이민자들, 카자크인과 그들의 가족, 그리고 군인 등으로 구성되어 있었다. 그들은 황무지를 일구는 진정한 개척자들이었다. 당시 조선인들은 자기 나라를 떠나면 처형한다는 엄명에도 불구하고 두만강 저쪽 '강력한 백인 왕'이 다스린다는 러시아 땅에서 더 나은 운명을 찾기로 결정하였다. 러시아 여론은 조선 사람을 경제적으로나 정치적으로 '유용한 사람들'이라고 생각하였다. 한곳에 정착하여 농사를 짓고, 강한 유대감에 기초한 가족제도를 가지고 있으며, 부지런한 사람들이라고 인식한 것이다. 또 러시아의 문화와 전통, 관습 등을 쉽게 이해하는 사람들이라고 파악하였다. 러시아로 이주한 초기의 정착자들을 비롯하여 나중에 이주한 조선인들은 신중하게 국적을 고려하여 러시아 정교로 개종했고, 그렇게 러시아 국민이 되었다. 동시에 러시아어를 습득하였다.

150년 동안 조선인들은 러시아제국, 소련 그리고 현재 러시아 사람들과 모든 고난과 기쁨, 때로는 비극적인 운명을 함께 나누었다. 그들은 높은 교육열과 뛰어난 문화 수준, 도덕성을 바탕으로 많은 성과를 낼 수 있었다. 러시아에서 거주하는 고려인들의 민족심리학적 특징은 애초부터 러시아어, 러시아의 사회사상, 러시아 문화에 기초하여 형성되었던 것이다.

1910년 일제가 경술늑약을 강압적으로 체결하여 조선의 국권을 침탈한 이후, 수많은 항일 투사들이 러시아 연해주로 대거 이주하면서 조선인 이민자 수는 큰 폭으로 증가한다. 이에 따라 러시아 극동은 조선 독립운동의 주요 기지로 변하고, 극동에서 조선 의병대가 조직되기에 이른다. 그들의 목표는 일제 침략자를 물리치고 조국을 독립시키는 일이었다.

1918-1922년 러시아 내전 및 외국이 내정을 간섭할 때 연해주 한인들은 침략자에 대항하여 적극적으로 투쟁하는데, 침략자들에 맞서 싸운 빨치산 부대의 3분의 1이 한인이었다. 러시아 극동 블라디보스토크에서 우랄 사이의 30여 개 한인 빨치산 부대들이 소비에트를 위하여 싸웠던 것이다.

1920-1930년대에 이르러, 연해주 한인들은 경제 및 사회 분야에서 상당한 발전을 이룬다. 300여 개의 조선 학교와 2개의 사범전문학교, 도서관등들이 설립되고, 7개의 신문과 6개의 잡지들이 한글로 발행된다. 1931년 블라디보스토크에서 그 당시로서는 세계에서 유일한 한인 고등교육기관 조선사범대학이 개교되었다. 당시 일제 식민지인 조선에서는 전부 일본어로만 고등교육을 실시하고 있을 때였다. 또한 1932년 조선 땅 밖에서는 가장 처음으로 조선극장이 문을 열었다.

그 시기 러시아 극동에서는 새로운 이민자 증가와 함께 기존에 있던 인구가 늘어나 한인 수는 러시아인 다음으로 지속적인 증가세를 보였다. 그 결과, 한인 디아스포라의 정착은 아무르강 연안과 자바이칼 지방까지 전 연해주에 걸쳐 광범위하게 확산되었다.

1937년, 연해주 한인들은 러시아 극동에서 중앙아시아의 카자흐스탄으로 강제추방을 당했다. 70여 년 이상 살면서 자기 고향으로 간주한 땅에서 쫓겨난 것이다. 뿌리가 뽑히고, 전통과 함께 굳건했던 정신적인 가치들이 파괴되어 버렸다. 하지만 고려인들은 견뎌냈고, 모든 역경을 슬기롭게 극복하였다. 이 시기 고려인 각 가족의 최대 목표는 자녀교육에 있었고, 1950년대 중반 이후 고려인 청소년 중 다수가 모스크바나 레닌그라드 등 여러 대학에서 공부하게 되었다. 그 결과, 새로 열린 가능성이 고려인을 소련의 가장 교양 있는 사람 중 하나로 만들었고, 1960년대에 이르러서는 학자, 엔지니어, 의사 및 변호사 등 고급인력 가운데 고려인 수가 다수를 차지한다. 고려인은 소련에서 사회주의 노동영웅의 비율이 가장 높고, 고등교육을 받은 숫자로는 여러 민족 중에서 두 번째 자리를 차지한다.

사할린 한인의 운명은 독특하다. 그들은 제2차 세계대전 당시 일제의 강제 징용으로 끌려와 탄광과 벌목장, 군사기지 건설현장 등에서의 노역으로 혹사당하는데, 1945년 남부 사할린의 한인 수는 약 45,000명이었다. 제2차 세계대전에서 소련이 일본에 승전함에 따라 남부 사할린은 소련 영토로 편입되고, 사할린의 모든 한인들은 소련의 시민이 되는데, 이후 그들의 대다수는 소련 시민권을 취득한다.

러시아 고려인은 러시아어와 러시아 문화, 러시아 역사와 뗄 수 없는 연관 속에서 미래의 자기 존재를 발견하고 있으며, 러시아 사회에서 충분한 권리를 누리고 있다.

전(全) 러시아에서 고려인들이 이루어낸 성과를 보면, 사회주의 노동영웅 칭호 수상자가 209명이며(타슈켄트 인근 콜호스 '북극성'의 전설 김병화 회장은 두 차례 수상), 2차 세계대전 때 조국을 지키기 위해 나치 침략자들과 싸운 민 알렉산드르 대대장과 외부정보기관 김 발레리 대령은 소비에트 연방영웅 칭호를 수상했으며, 약 400여 명의 고려인이 국가훈장을 받았다. 현재 러시아에는 두 영웅, 데, 파일럿인 최 올레그와 전 낙하산 부대장이자 현 러시아 국가두마(국회) 의원인 엄 유리 대령이 있다. 또한 러시아 군대에는 수 명의 현역 장군이 있다.

문화 부문에서는 최 빅토르가 작곡과 가수로서 선명한 자취를 남겼고, 지금도 러시아의 젊은이들은 그를 숭배한다. 시인이자 극작가이며 음유시인인 김 율리, 작가인 김 아나톨리와 박 미하일, 여류시인 강 지아나 등은 러시아와 해외에서 활발한 창작활동을 벌이고 있다.

이 밖에, 건축 분야에는 노릴스크시 레닌상 수상자인 김 미하일, 소련 국가상 수상자인 김 니콜라이 등이 있다. 또한 미술 분야의 신 니콜라이와 이 클림, 러시아 인민배우 남 류드밀라, 러시아 공훈배우 최 아니타, 츠하이 마리나와 박 발레리 등도 해당 분야에서 저명한 인물이다. 월드컵과 올림픽 대회 챔피언인 체조선수 김 넬리, 복싱선수 주 콘스탄틴과 신 블라디미르, 동계올림픽대회 쇼트트랙 6관왕 안 빅토르, 과학자이며 아카데미 회원인 김 막심, 러시아어로 삼국사기를 번역한 모스크바 국립 종합대학 박 미하일 교수, 역사학자 이 블라디미르와 박 보리스 등도 러시아 사회에 유명한 인물들이다.

현재 러시아 고려인들은 러시아 외에도 CIS 국가들과 유럽, 캐나다, 미국, 이스라엘, 호주 등 세계 각국에서 살고 있는데, 어디에서든 우리 고려인들은 조상으로부터 물려받은 자신의 독특한 전통을 소중히 보존하고 있다. 2015년 현재 러시아 고려인은 약 50만 명에 달한다.

오늘날 러시아 고려인들은 러시아의 영혼과 정신세계의 힘에 흡수된, 또 러시아 민족이 풍부하게 지니고 있는 국제적 감각에 흡수된 국가의 중요한 부분이라 할 수 있다.

김 모이세이, 문화이론가, 오토랠리 참가자

태평양의 꿈

나는 오래 전부터 러시아 극동까지 횡단하고 싶은 꿈이 있었다. 그래서 〈2014 러시아-코리아〉 오토랠리에 참가하라는 권유를 받았을 때 망설이지 않았다. 물론, 우선으로 나는 태평양을 보고 싶었다. 태평양이 나를 끌어 당겼던 것이다. 그러나 이 자동차 여행에서 내 앞에 펼쳐진 문화의 충돌은 꿈꿔왔던 태평양의 빛을 퇴색하게 했다. 나는 전혀 다른 한국인들의 전통과 사고방식을 접할 때마다 깜짝 놀랐다. 대부분의 유럽인들처럼 내게도 한국이 너무나 멀고 알 수 없는 나라였지만, 알고 보니 그렇지가 않았다. 한국은 매우 신비하고 아름다운 나라이다. 타인을 즐겁게 해주며 친절하게 대하는 사람들이, 자기나라 슬픈 역사 앞에서는 온몸으로 전율하는 사람들이 한국에 살고 있다. 나는 살아오며 이런 감동을 처음 받아본다. 나는 운이 좋았다. 이러한 행사에 참여하게 된 것이. 그 자체가 내게는 무척 소중한 것이다.

불라빈 알렉산드르

두 개의 한국

나는 작년에 '고려인의 자발적 러시아 이주 150주년'을 맞아 김 에르네스트가 주최한 〈2014 러시아-코리아〉 국제 오토랠리에 참여하였다. 오토랠리가 계획한 경로를 따라 가늠할 수조차 없는 엄청난 거리의 도로 위를 달려 많은 국가를 지나쳤고, '유라시아 평화의 길, 한반도 통일의 길'이라는 슬로건 아래 모인 다양한 사람들은 하나가 되었다.

나는 벌써 두 차례나 이렇게 큰 규모의 오토랠리에 참가하여 대장정에 올랐었다. 그때마다 매번 나의 내면 깊숙이 들어가는 여행임을 느꼈다. 나는 변화하는 풍경, 끝없이 펼쳐진 도로가 주는 느낌을 사랑한다. 길가에 활짝 피어 있는 꽃들과 내 시선을 반짝 사로잡는 평범한 사람들을 사랑한다. 우리가 새로운 목표, 새로운 만남을 위하여 달릴 때면 다가와 우리의 머리카락을 흩날리게 만드는 바람을 사랑한다. 우리의 온기 넘치는 동행들을, 놀라운 모험과 손님을 좋아하는 한국 땅을 사랑한다.

성실하고 친절한 북한 가이드들과 통역원들, 작별의 눈물, 수백만 사람들이 건널 수 없는 38선, 서울의 불빛, 부산의 안개, 그리고 천천히 흔들리는 페리가 일 년이 지난 지금 내 눈 앞에 서 있다.

매번 가방을 꾸리고 다시 길을 떠날 때면 당신은 이전의 자신에서 벗어나 새롭게 변모될 것이라는 것을 꼭 이해할 필요가 있다. 신성한 백두산과 금강산의 날카로운 봉우리들에 올랐고, 세례를 받듯이 여러 곳을 지나치며 그곳의 바닷물에 몸을 적셨다. 그렇게 나는 나의 새 삶을 열어 줄 깨달음과 '한국은 꼭 통일된다!'는 강한 믿음을 가지고 집으로 돌아왔다.

세레브랴코바 나탈리아

시베리아를 가로지른 러시아 한인들의 기상

억새 샛푸른 잎줄기에 시베리아의 아침이슬이 채 마르기도 전, 흙먼지 얼룩 아래 굳게 닫힌 지프차의 문을 열고 마치 약속이라도 한 냥 한 사람씩 기지개를 펴며 들판을 향한다. 7월의 불볕더위가 낮을 뜨겁게 달궜던 2014년 여름이었음에도 아침의 찬 기운은 언제 그랬냐는 듯 온 몸을 오싹하게 만들었다. 밤늦게 도착한 알타이 산맥의 능선은 검은 그림자를 드리우며 야전에서의 취침을 두렵게 하였지만 밝은 햇살 가득한 대자연 속 아침의 영롱함은 더없이 상쾌했다. 이렇게 자연을 벗 삼아 잠을 청한 것도 벌써 몇 주째다 보니 이제는 익숙해져야 할 터. 그럼에도 여전히 도시인의 연약함은 시베리아 거점도시들을 지날 때마다 문명의 이기가 던지는 편리와 달콤한 유혹에 망설임을 금치 못한다.

〈오토랠리 2014〉, 모스크바-평양-서울. 상상 속에서만 그려왔던 일들이 이제 현실화됨을 눈앞에 두고 있다. 7월 7일 모스크바를 출발하며 그 역사적 첫걸음을 디뎠던 것이 엊그제 같은데 벌써 카자흐스탄과 우즈베키스탄, 키르기스스탄, 그리고 시베리아의 한 복판을 가로질러 동쪽 끝을 향하고 있다. 눈앞에 펼쳐진 바이칼에서 불어오는 훈풍은 가슴 속까지 시원하게 투명 옥빛으로 가득 채웠고, 이따금 맞은편 차선에서 트레일러 운전사들이 경적을 울리며 응원 메시지를 전할 때는 저마다 미소를 머금고 본능에 가깝게 손을 들어 답례를 하곤 했다.

모스크바를 출발할 때만 하여도 마음가짐이 지금 같지는 않았다. 아니, 더 정확히 말하자면 〈오토랠리 2014〉라는 대장정을 무사히 마칠 수 있을지, 정말 육상으로 한국까지 다다를 수 있을지 너무나 두려웠고, 또 그만큼 설레기도 하였다. 니쥐느이 노브고로드를 지나 사마라, 오렌부르크를 거쳐 국경을 수차례 넘으면서 곳곳마다 반갑게 맞아준 동포 분들의 따뜻한 마음이 없었더라면 아마도 우리의 대장정은 순탄치 못했거나 성공적이지 않았을지도 모른다. 러시아에서 찾아보기 어려운 얼큰한 장국에 시원 칼칼한 백김치, 그리고 러시아 동포 고유의 베고자와 국시. 비슷한 외형과 달리 한국의 음식과는 사뭇 다른 맛이 났지만 늦은 시간까지 우리를 기다리며 심려를 아끼지 않은 동포들의 정성이 가득하였기에 산해진미보다도 더 맛있었고 몸과 마음을 따뜻이 녹여주는 유일한 위로가 되어주었다. 그네들의 따뜻한 환대에 다시 한 번 감사하는 바이다.

이제 조금만 더 달리면 조상들의 뼈와 살이 묻힌 러시아 한인들의 정신적 고향, 극동의 우수리스크, 블라디보스토크로 향한다. 더러는 억수 같은 소낙비가 시야를 가로막기도 하고, 더러는 거칠고도 세찬 황무지의 흙모래가 온통 대열을 뒤덮기도 하였지만 우리에겐 정해진 목표가 있어 허투루 시간을 보낼 수도, 지체할 수도, 여유를 부릴 수도 없었다. 언제나 우리는 잠시간 전열을 정비하자마자 또다시 길을 향해야만 했다. 이것은 마치 운명과도 같은 것. 어느 누구의 강요도, 태곳적부터 내려온 천형을 진 것도 아니었건만 우리는 누구 하나 불평 없이 보이지 않는 그곳을 향해 묵묵히 길을 갔다. 오직 하나의 목표만을 향해. 이 땅을 가로질러 분단된 조국의 남과 북을 두발로 디디고 서고자 조상의 혼이 서린 영원의 땅을 향해 끊임없이 내달은 것이다. 꿈에도 그리던 아버지, 어머니의 땅. 언젠가는 우리 아이들이 두 품 가득 안고 살아갈 그 땅. 바로 조국이란 이름의 어머니 땅을 향해 우리는 달렸다.

오늘날 러시아 동포들에 대해 다소 이질감을 느끼는 이들도 있음은 자명한 사실이다. 그도 그럴 것이 똑같은 핏줄에서 시작하였으나 다른 역사적 배경 속에 살아온 우리이기에 어쩌면 당연한 처사일지도 모른다. 그러나 중요한 것은 그들의 뿌리는 연해주의 역사에 존재하는 이방인들이 아니라 우리 역사 속에, 우리와 함께하는, 우리의 조상이기도 하다는 것이다. 러시아 땅에서 또 러시아 국적으로 오랜 시간 살아온 동포들이 그토록 염원하고 꿈에도 그렸던 조상의 땅으로의 회귀는 이미 한반도에 역사의 한 장으로 기록되었다는 것을 다 같이 잊지 않았으면 하는 바이다.

우리는 역사를 말할 때 흔히 단재 신채호 선생의 말씀을 언급하곤 한다. 역사를 모르는 민족에게, 역사를 잊은 민족에게 미래란 없다고. 오늘날 한국과 러시아 양국의 가교 역할을 하고 있는 동포들은 새로운 역사를 만들어 나가고 있다. 그들이 있기에 우리는 더욱 떳떳하게 러시아 땅에서 대한민국인임을 자랑스럽게 생각할 수 있다 생각한다. 그들이 꿈꾸는 조국은 우리가 그토록 사랑하는 그것과 다를 바 없을 것이라 한 점 의심치 않는다. 두 개의 고향을 품고 살아가는 그들에게 하루빨리 조국이 통일 되어 분단의 아픔을 나누지 않아도 될 날이 오길 학수고대한다.

러시아로 조선의 한인들이 자발적으로 이주한 지 150년이 되던 해. 우리는 더 없이 가치 있고 의미 있는 일을 위해 오랜 길을 달려왔다. 모든 것이 끝난 지금, 도라산 역에서 북녘 땅을 바라보며 잠시 생각해본다. 언젠가는 이 땅과 민족을 가로지르는 저 철책을 넘어 모두가 하나 되어 손에 손을 잡고 두만강을 넘어 우랄을 지나 시베리아를 거쳐 유럽으로 향하는 첫발을 반드시 우리시대에 열겠노라고. 만 오천 킬로미터에 달하는 대장정을 마치고 부산에서 바라 본 해운대 앞바다가 다시금 그리움에 사무칠 때, 우리는 또 달릴 것이다. 통일의 그날까지.

박정곤 (고리키 문학대학교 초빙 교수)

K

일몰

비슈케크를 내려다보며

НАНО TEK

sollers

А700НС 150
М440УА 150

백두산에서

윤상원

정의화 국회의장 주최
고려인 이주 150주년 기념 2014 유라시아 대장정 참가자 환영 만찬

baskin robbins
노래방
2F
멀티방
black'smith

북한(왼쪽 사진)과 한국(오른쪽 사진)의 표창을 받은 대표단

서울 야경

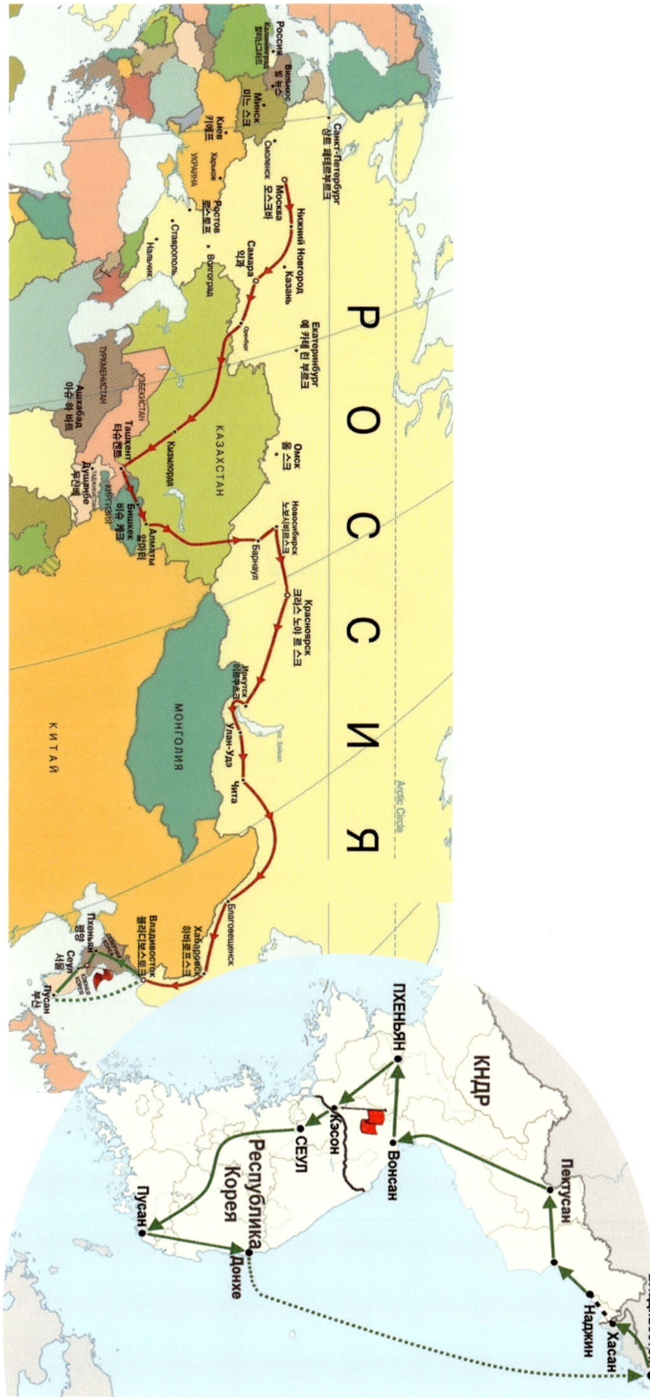
РОССИЯ
КАЗАХСТАН
МОНГОЛИЯ
КИТАЙ
Москва
Новосибирск
Красноярск
Иркутск
Улан-Удэ
Чита
Благовещенск
Хабаровск
Владивосток
Алматы
Бишкек
Ташкент
КНДР
Республика Корея
Владивосток
Хасан
Наджин
Пектусан
Вонсан
Пхеньян
Кэсон
СЕУЛ
Пусан
Донхе

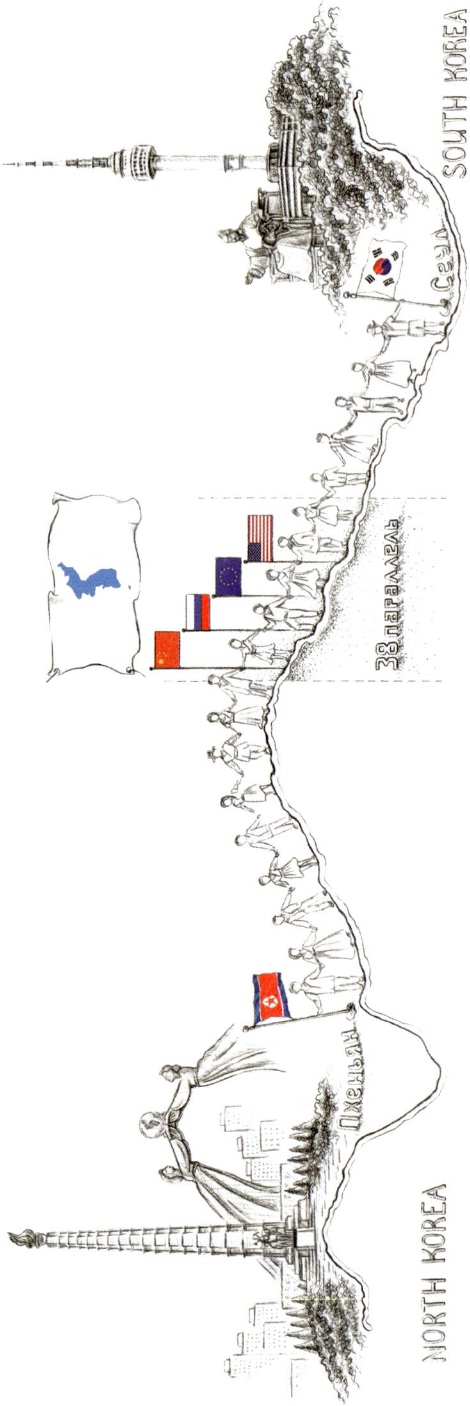

2015년 5월 김 에두아르드, 남북한 당국에 제안